不吼不叫：

用DeepSeek
培养尖子生

狐说新语 编著

> 六年级孩子在圆柱、圆锥体积计算题上错误率高达70%，如何定制精准训练题？

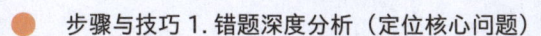

- 步骤与技巧 1. 错题深度分析（定位核心问题）
  - 收集数据：整理10道典型错题（如将圆锥体积公式写成 $V=\pi r^2 h$，
  ……………

| 给 DeepSeek 发送消息

⊗ 深度思考（R1）　⊕ 联网搜索

三环出版社
SANHUAN PUBLISHING HOUSE

目录

01 第一部分：AI 的时代

一、AI（人工智能）百问百答

AI 的时代	002
AI 发展的前世今生	002
人工智能会毁灭人类吗？	004
哪些职业可能会被 AI 取代？	004
未来会更好吗？	005
国内主流的 AI 工具有哪些？	005

二、DeepSeek 横空出世

DeepSeek 的自我介绍	006
DeepSeek 的强大功能	007
DeepSeek 王炸组合	008
DeepSeek 实用指南	008

三、AI 时代趋势下，我们应该往哪个方向培养孩子？

AI 正在重塑教育	011
AI 时代必备核心能力	012
AI 时代，应该往哪个方向培养孩子？	012
不同年龄段的孩子应该怎么培养？	014
如何用 AI 发现并培养孩子的兴趣特长？	015
家长可以做些什么？	016
提升核心竞争力推荐书单	017

02 第二部分：用 DeepSeek 培养小学霸

一、学科加油站

没有天赋也能写作文	020
古诗文也能张口就来	022
再难的阅读理解也不怕	024
跳出数学名称"迷魂阵"	026
错题不会再错第二次！	028
定制孩子的私人练习题	030

用 DeepSeek 帮孩子背单词	032
语法太抽象，DeepSeek 来拆解！	034
3 个步骤秒杀英语阅读理解	036
英语作文批改不用愁	038
定制家庭版科学实验课	040
历史知识花式记忆	042
玩转地理不是梦！	044

二、学习方法

帮孩子打造独有的学习法	046
执行计划有妙招	048
精准预习不迷路	050
复习大纲一键整理	052
归纳总结让学习事半功倍	054
考前模拟卷，告别考试焦虑	056
时间管理小助理，赶走孩子的拖延症	058
偏科严重，快速补救	060

三、成长困惑

帮孩子摘掉受挫"紧箍咒" 062

三步让孩子懂理财 064

一键消除孩子考试焦虑 066

专治孩子的"小脾气" 068

教孩子勇敢地说"不" 070

关键 3 步培养孩子的社交能力 072

孩子有十万个"为什么" 074

聪明的父母这样解决亲子冲突 076

四、自主学习能力

把 DeepSeek 变成孩子的有效学习工具 078

避免孩子患上"AI 依赖症" 080

帮孩子搭建阅读知识金字塔 082

从跨学科学习中提升核心素养 084

03

第三部分：DeepSeek 在生活中的运用

怎么判断 DeepSeek 生成的内容是否准确？	088
一对一助你解决常见法律纠纷	090
教你排解生活压力	092
打造科学健身计划，轻松实现健康目标	094
定制个性化旅游方案	096
让你的外语水平突飞猛进	098
帮你轻松写出爆款文案	100
让你的演讲一开口就掌声雷动	102
帮你更高效地打理个人资产	104
百倍提高你的工作效率	106

第一部分

AI 的时代

AI 的时代

现在，我们站在历史的分界线上，正在亲身经历一场前所未有的学习变革，这场变革的引领者是人工智能（Artificial Intelligence）中的大模型，它让"知识触手可及"。我们有想问的，可以找 AI；有想做的，也可以找 AI。

可能在不久的将来，有些我们曾经要花大量的时间和精力去掌握的知识与技能，只需花费很少的时间就可以学会，甚至不再需要专门去学习。与此同时，有些知识和技能会越来越重要，比如思考与决断力、理解与运用工具的能力等。

将来，人类将被分为两种：一种是会用 AI 的，另一种则是不会用 AI 的。这种区分不是一蹴而就，而是在 AI 的日益成熟中慢慢形成的。有人对 AI 不屑一顾，而有人则充满好奇；有人害怕 AI，但有人却勇于尝试；有人只是浅尝辄止，有人却能在日常生活、工作中有效地运用 AI。

我们是成为 AI 的主人，还是被 AI 淘汰，就取决于这一次次的选择。

AI 发展的前世今生

● **婴儿期：做梦的科学家（1950—1970）**

起点：1950 年，计算机之父图灵提出"图灵测试"——如果一台机器能和人聊天不被发现是机器，就算有智能。

第一次高潮：1956 年，一群科学家开了一场研讨会（达特茅斯会议），正式提出"人工智能（AI）"这个词。

现实打击：人们很快发现，计算机连"认猫狗"这种小孩都会的事都做不到，AI 进入第一次寒冬。

- **童年期：死记硬背的"学霸"（1980—1990）**

　　专家系统：科学家转换思路，让 AI 模仿人类专家，比如把医学知识一条条写成规则，让 AI 照做。这就像让一个学霸背下整本百科全书，但只会死记硬背，遇到新问题就懵。

　　再次受挫：规则越写越复杂，成本太高，且 AI 依然不会"学习"，AI 陷入第二次寒冬。

- **青春期：突然开窍的学生（2000—2010）**

　　大数据＋算力爆发：互联网时代，数据像洪水一样涌来，加上电脑性能飙升，AI 终于有了"学习的材料"。

　　深度学习革命：科学家发现，模仿人脑的神经网络结构，配合海量数据训练，能让 AI 自己"总结经验"了！比如：

　　2012 年：AI 看图认猫狗的正确率首次超过人类。

　　2016 年：AlphaGo 打败围棋世界冠军。

- **成年期：渗透生活的"隐形助手"（2020—现在）**

　　落地应用：AI 不再是实验室的玩具，它变成了我们手机里的语音助手、短视频推荐算法、自动驾驶的眼睛……甚至还能写诗、画画、编代码。

　　争议与反思：人们开始担心 AI 抢工作、造假信息，甚至失控。

人工智能会毁灭人类吗？

对于人工智能的进步，我们应该高兴还是害怕呢？有科学家曾提出，人工智能有5%的可能会毁灭人类。除此之外，AI的快速发展，可能会导致部分行业大规模失业，从而引发社会动荡。

世界经济论坛发布的《2025年未来就业报告》显示，全球22%的就业机会面临变革，将新创造1.7亿个工作岗位（这些岗位几乎都需要员工具有与AI协作的能力），9200万个工作岗位将被替换，到2030年净增就业机会7800万个。这意味着，未来的就业市场将发生翻天覆地的变化，熟练掌握并运用AI将成为新一代人未来生存的关键。

怎样把AI变成称手的工具，迫在眉睫。

哪些职业可能会被AI取代？

■ **客户服务及销售**：AI可以自动处理客户数据，提供个性化服务，并以更低的成本完成销售工作。

■ **秘书与行政助理**：AI能够完成行程安排、文件整理、邮件回复等工作。

■ **软件开发**：AI已经具备自动编写代码并测试的能力，未来可能会颠覆传统的软件开发流程。

■ **网页与界面设计师**：AI设计工具能够高效地完成设计工作。

■ **会计与审计员**：AI可以通过RPA（机器人流程自动化）完成数据处理和规则应用，提高工作效率。

■ **内容创作**：AI可以创作文字、图片、视频等多种形式的内容，创作速度更快。

■ **翻译**：AI翻译技术的快速发展，使得自动翻译成为现实。

■ **法律助理**：AI在分析法律文件和商业策略规划中表现出色，减少了对传统法律专业人士的需求。

未来会更好吗？

乐观来看，未来 AI 可能会变成我们的个人生活管家、专业家庭医生、专属家庭教师、专属司机、专业秘书。当 AI 变成生活中一种无形的基础设施，我们人类也许可以从无意义的重复劳动中彻底解放，开始追求真正的精神价值。

但是这种未来需要双向进化：既要用 AI 助益人类，也要用人类智慧引导 AI。AI 的发展与进步不是让人类变成超人，而是让每个普通人都能释放出被生存压力掩盖的生命光辉。最终，衡量 AI 成功的标准应该是：是否能让"山村的小孩"和"硅谷的精英"获得同等的机会去探索星空。

国内主流的 AI 工具有哪些？

- **DeepSeek**：超强国产大模型，AI 界的"六边形战士"。
- **Kimi**：擅于长文本处理和多格式解析，体验感不错。
- **豆包（抖音）**：擅长处理自媒体文案、图片、视频等。
- **文小言（原文心一言）**：文学创作与文化内容的艺术表达先锋。
- **腾讯元宝**：混元大模型，检索和解析功能优秀。
- **通义千问**：支持工作、学习全场景智能辅导。
- **天工**：擅长科学数据与技术文档的智能助手。
- **讯飞星火**：适合高效办公与教育培训。
- **智谱清言（ChatGLM）**：对标 ChatGPT，多模态交互能力强。

DeepSeek 的自我介绍

可以向我介绍一下你自己吗?

已深度思考（用时 15 秒）

您好！我是由中国的深度求索（DeepSeek）公司开发的智能助手 DeepSeek-R1-Lite-Preview。以下是我的核心特征：

核心定位

- **可靠信息枢纽**：基于千亿级参数训练，专注提供准确、逻辑化的知识服务

- **专业场景优化**：在编程、数学、数据分析等领域具有深度推理能力

- **安全价值对齐**：内置符合人类伦理的响应机制与内容过滤系统

……

存在意义

作为 AGI 演进过程中的阶段性技术产物，我的核心价值在于：

……

开启新对话

给 DeepSeek 发送消息

深度思考（R1）　　联网搜索

内容由 AI 生成，请仔细甄别

DeepSeek 的强大功能

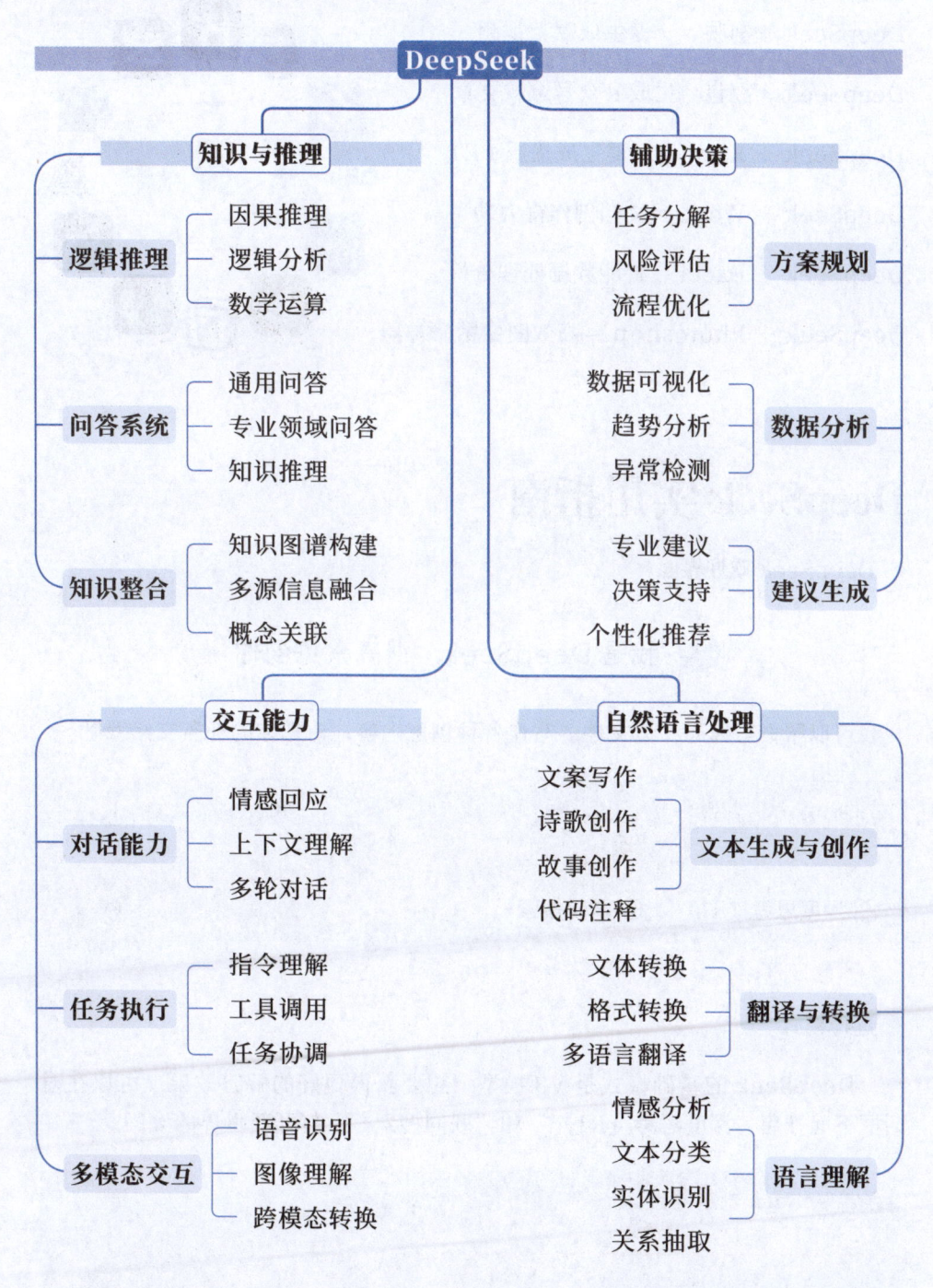

```
                        DeepSeek
        ┌──────────────────┴──────────────────┐
               知识与推理                    辅助决策

              ┌─ 因果推理                ┌─ 任务分解
    逻辑推理 ─┼─ 逻辑分析         方案规划┼─ 风险评估
              └─ 数学运算                └─ 流程优化

              ┌─ 通用问答                ┌─ 数据可视化
    问答系统 ─┼─ 专业领域问答     数据分析┼─ 趋势分析
              └─ 知识推理                └─ 异常检测

              ┌─ 知识图谱构建            ┌─ 专业建议
    知识整合 ─┼─ 多源信息融合     建议生成┼─ 决策支持
              └─ 概念关联                └─ 个性化推荐


               交互能力                  自然语言处理

              ┌─ 情感回应                ┌─ 文案写作
    对话能力 ─┼─ 上下文理解   文本生成与创作┼─ 诗歌创作
              └─ 多轮对话                ├─ 故事创作
                                         └─ 代码注释

              ┌─ 指令理解                ┌─ 文体转换
    任务执行 ─┼─ 工具调用     翻译与转换 ─┼─ 格式转换
              └─ 任务协调                └─ 多语言翻译

              ┌─ 语音识别                ┌─ 情感分析
    多模态交互┼─ 图像理解     语言理解 ──┼─ 文本分类
              └─ 跨模态转换              ├─ 实体识别
                                         └─ 关系抽取
```

总之，DeepSeek＝百科大全＋全能词典＋生活助理＋在线老师＋健康顾问＋决策咨询师＋……

DeepSeek 王炸组合

DeepSeek ＋剪映＝一键生成爆款视频

DeepSeek ＋豆包＝生成公众号爆款文章

DeepSeek ＋ Kimi ＝一键生成优质 PPT

DeepSeek ＋ Word ＝文档创作得力助手

DeepSeek ＋ Excel ＝智能数据处理分析

DeepSeek ＋ Photoshop ＝高效图像精修神器

DeepSeek 实用指南

- DeepSeek 欢迎界面

🐋 我是 DeepSeek，很高兴见到你！

我可以帮你写代码、读文件、写作各种创意内容，请把你的任务交给我吧～

| 给 DeepSeek 发送消息 |
| 深度思考（R1） ⊕ 联网搜索 |

- 选择模式

　　DeepSeek 的基础模式是 V3 模型，想要获得更好的解答效果，可以在对话框下面开启"深度思考（R1）"和"联网搜索"，打开新世界的大门。

| 给 DeepSeek 发送消息 |
| 深度思考（R1） ⊕ 联网搜索 |

● **万能提问模板**

①背景＋需求＋约束条件

> 例：我是一个小学五年级孩子的家长（背景），我应该怎么帮我的孩子提高英语水平（需求），不考虑口语（条件），请说得通俗易懂些（条件）。

②身份＋任务＋要求＋例子

> 例：请你以资深设计师的视角（身份），为我新开的咖啡店设计一张海报（任务），海报设计要优雅简约，同时包含我的店名"繁花咖啡馆"（要求），可以参考星巴克的海报风格（例子）。

③我要做什么＋要做什么用＋希望达到什么效果＋担心什么问题

> 例：我要参加一场马拉松比赛（我要做什么），我想提高我的长跑耐力（要做什么用），希望可以拿到前十的名次（希望达到什么效果），但我担心我没法跑那么快（担心什么问题）。

④需求＋担忧＋反向验证

> 例：我需要设计一个办公室装修方案（需求），担心风格不统一会影响整体效果（担忧），请列出5个可能导致风格不统一的因素，并针对每个因素给出解决办法（反向验证）。

⑤问题＋追问预期＋调整方向

> 例：请给我一些学习数学的技巧（问题），并进一步说明这些技巧分别可以提升哪些数学能力（追问预期），如果这些技巧不适合基础差的人，请推荐一些更基础的办法（调整方向）。

⑥目标＋条件＋验证方法

> 例：我希望我的孩子在一个学期里英语成绩能从C上升到B（目标），我平时很忙，只有周末有时间辅导孩子（条件），请帮我的孩子制订一个自己学习英语的学习计划，并说明怎么判断这个计划是否有效，比如每周词汇量增加多少是有效的、正确率应该有怎样的变化等（验证方式）。

实操案例

> 我是一个小学五年级孩子的家长，我应该怎么帮我的孩子提高英语水平，不考虑口语，请说得通俗易懂些。

⊗ 已深度思考（用时 17 秒）

作为家长，您可以这样帮助孩子提升英语水平（重点针对阅读、写作、语法和听力）：

一、词汇积累：像存钱罐一样攒单词

- 每天 10 分钟：用便签纸写 3-5 个新单词（比如课本生词、动画片里看到的词），贴在冰箱／书桌上，吃饭时和孩子玩"快问快答"。

- 联想法：教孩子把单词拆解着记，比如"breakfast=break（打破）+fast（禁食）"，像讲故事一样。

- 生活渗透：逛超市时指认商品，如"apple/milk"，坐车时认路牌，如"STOP"，让孩子发现英语就在身边。

二、阅读训练：像搭积木一样读故事

- 选书秘诀：挑比孩子当前水平稍简单的书（比如《牛津树》分级读物），尽量使生词不超过 5 个，保持阅读流畅感。

…………

↻ 开启新对话

给 DeepSeek 发送消息

⊗ 深度思考（R1）　⊕ 联网搜索

内容由 AI 生成，请仔细甄别

- **文件处理 / 复杂任务**

点击对话框中的回形针可以上传文件（支持 PDF、Word、txt 格式），然后输入具体指令，如总结这个文件、提取制作表格、对比分析上传的两个文件、把文件里的数据提取出来。

AI 正在重塑教育

- **知识垄断被打破**

过去，学生获取知识最主要的方式就是在课堂上听老师讲课。而现在，AI 的庞大信息库，可以让学生在课后时间主动学习自己想要掌握的知识，甚至有人通过 AI 学习，能够 10 分钟学完传统课堂上 3 个小时的内容。

- **能力需求变革**

过去，学生的记忆力越好，背诵的知识越多，就越有可能拿高分。但现在，我们可以利用 AI 迅速提供我们想要的内容，它可以在 1 秒内提供我们需要的概念公式。显然，未来记忆力虽然依旧重要，但已经不是核心能力，反而是创造力逐渐增值。因为 AI 的学习能力虽然强大，但它写不出《哈利波特》这类的作品，所以拥有创造力的孩子，AI 是无法取代的。

- **教育资源共享**

过去，越先进的地方往往教育资源越丰富；未来，一部手机就能获得各地的教育资源。以后，我们也许能看到这样的新闻：某山区的学生通过 AI 工具自学，成功掌握编程技术。未来的教育的鸿沟，显然已经不再是资源的差距，而是使用工具的能力的差距。

AI 时代必备核心能力

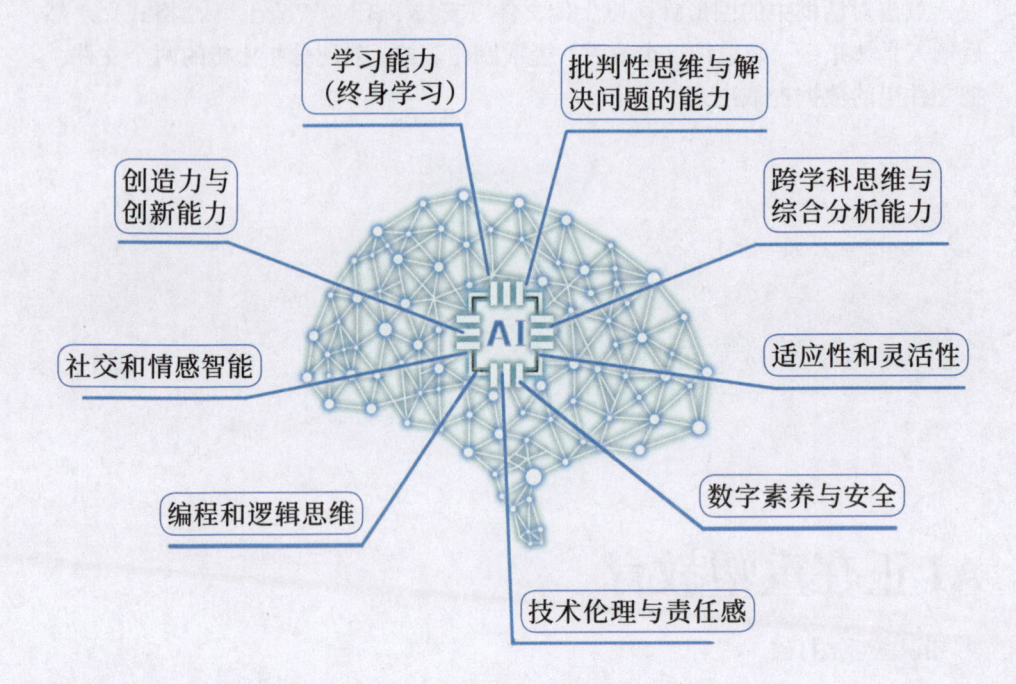

- 学习能力（终身学习）
- 批判性思维与解决问题的能力
- 创造力与创新能力
- 跨学科思维与综合分析能力
- 社交和情感智能
- 适应性和灵活性
- 编程和逻辑思维
- 数字素养与安全
- 技术伦理与责任感

AI 时代，应该往哪个方向培养孩子？

AI 会处理很多重复性工作，但人类的创造力、情感智能、批判性思维等可能更重要。所以，培养孩子的软技能，如沟通、合作、解决问题的能力，可能比单纯的技术知识更重要。

在 AI 时代，培养孩子的核心目标应是构建"人机协同"的竞争力，而非单纯对抗或依赖 AI。我们具体可以这样做：

● **打造 AI 时代的"生存根基"**

①元认知能力培养

▲ 教会孩子用思维导图拆解问题（如用流程图分析家务分配）

▲ 通过编程游戏，培养孩子系统思维

▲ 引导孩子每日思考：今天哪些判断被 AI 影响了？

②强化人文素养

▲ 训练孩子即时思辨能力（如定期举办家庭辩论会）

▲ 培养孩子共情能力（如鼓励孩子参与戏剧表演）

▲ 了解人类优势（如记录 AI 做不到的事）

● 构建人机协作思维

①培养 AI 工具素养

▲ 10 岁＋开始学习用 AI 工具创作故事、绘本

▲ 引导孩子尝试用 DeepSeek 辅助学习

▲ 建立"AI 使用日志"：记录 AI 工具带来的认知提升

②锻炼批判性思维

▲ 训练孩子学会辨别 AI 生成的内容

▲ 帮助孩子分析短视频推荐算法的诱导机制

▲ 和孩子一起每月评估家庭智能设备的数据隐私

● 创建未来核心能力矩阵

①培养复合型能力

▲ 项目制学习：培养孩子将 AI 运用在生活中的能力

▲ 多元学习：带领孩子探索适用于不同领域的 AI 工具

▲ 尝试创新：鼓励孩子发掘 AI 的更多用途

②数字时代生存技能

▲ 培养孩子对生活的感知力

▲ AI 防沉迷：制订电子设备使用规则

▲ 回归现实社交：培养孩子与人互动的能力

不同年龄段的孩子应该怎么培养？

- **0—6岁：感官启蒙期**

①培养好奇心和探索欲

鼓励孩子对周围事物提问，通过游戏、故事等方式激发他们对世界的兴趣。例如，带孩子去自然博物馆、科技馆等地方，让他们亲身感受和探索。

②发展基础认知能力

通过绘画、手工、音乐等活动，培养孩子的观察力、记忆力和创造力。例如，让孩子用积木搭建不同的形状，或者用彩泥制作各种小动物。

③情感教育

帮助孩子认识和表达自己的情绪，培养同理心。例如，当孩子看到别人伤心时，可以引导他们去关心和安慰对方。

- **7—12岁：小学阶段**

①培养逻辑思维和编程基础

可以让孩子学习一些简单的编程语言，如 Scratch，通过编程游戏培养逻辑思维和算法概念。例如，让孩子通过编程控制角色完成任务，设计移动策略等。

②跨学科学习

鼓励孩子学习不同领域的知识，如科学、技术、工程、数学等，培养跨学科思维。例如，让孩子参加一些跨学科的项目，如制作简易的机器人，了解机械原理和编程知识。

③培养阅读习惯

每天固定时间阅读，让孩子学会自主获取知识。可以选择一些适合他们年龄段的书籍，如科普读物、文学作品等。

- **13—15岁：初中阶段**

①深入学习编程和计算机科学

让孩子学习更高级的编程语言，如 Python、JavaScript 等，了解算法和数据结构。例如，让孩子参加一些编程竞赛或者开发简单的应用程序。

②培养批判性思维

鼓励孩子独立思考，分析问题，提出解决方案。可以通过阅读不同观点的文章或讨论社会热点问题，让孩子学会从不同角度分析问题。

③团队合作和领导能力

让孩子参与团队活动，如体育、戏剧、集体项目，培养协作能力和领导能力。例如，让孩子担任团队的组长，组织和协调团队成员完成任务。

● 16—18岁：高中阶段

①专业方向探索

根据孩子的兴趣和特长，引导他们探索未来的职业方向。例如，带孩子参加一些职业体验活动或者实习，了解不同职业的工作内容和要求。

②创新与创业精神

鼓励孩子提出新想法，尝试新事物，培养创新意识和创业精神。例如，让孩子参加一些创新创业比赛，或者开展自己的小项目。

③国际视野和跨文化交流能力

鼓励孩子学习多种语言，了解不同国家的文化和历史，培养国际视野。例如，让孩子参加国际交流项目或者与外国学生进行交流。

此外，不论孩子在哪个年龄段，我们都应该培养孩子终身学习的能力，让孩子拥有自主学习能力和自我管理能力，这样他们才可以更好地适应快速变化的社会和技术发展。

如何用 AI 发现并培养孩子的兴趣特长？

● 利用 AI 技术发现孩子的兴趣特长

①学习行为分析

可以让 AI 分析孩子在学习平台上的学习时间、学习频率、学习内容的选择等，来判断孩子的学习偏好。

②数据分析与预测

把孩子的作业完成情况、测试成绩、课堂参与度等信息提供给AI，让它进行学习趋势预测，从中可以发现孩子的潜在兴趣和特长。

③智能评估工具

一些AI教育应用提供智能评估功能，通过让孩子完成特定的测试或任务，从多个维度评估孩子的兴趣倾向和能力水平，并为孩子绘制兴趣和能力画像。

● **使用AI工具培养孩子的兴趣特长**

①个性化学习方案

根据孩子的兴趣和能力，让AI为孩子定制个性化的学习路径和内容。例如，对编程感兴趣的孩子，可以先让AI推荐简单的编程工具或编程课程。

②智能辅导与反馈

当孩子在练习特长相关技能时，可以让AI分析他的作品，指出优点和不足，并给出改进建议，帮助孩子不断提高。

③提供丰富的学习资源

AI可以提供数字图书馆、虚拟课程、在线课程等。这些资源比传统学习资源更具交互性，能够激发孩子的学习兴趣。

④教育游戏与模拟

可以让AI提供有趣的学习方法，比如将英语单词编成故事，这种方式能激发孩子更大的学习热情，让孩子更好地吸收知识。

家长可以做些什么？

■ **自身学习与了解**：家长首先要主动学习关于AI的基本知识，了解其发展趋势和应用领域，这样才能更好地与孩子交流。

■ **培养兴趣而非恐惧**：用积极的态度向孩子介绍AI的有趣之处以及给我们生活带来的便利。

■ **鼓励提问与探索**：当孩子对AI相关的内容有疑问时，鼓励他们提问，并一起探索答案，培养孩子的好奇心和求知欲。

- **支持个性化学习**：根据孩子的特点和兴趣，鼓励他们借助 AI 工具在特定领域深入探索。

- **培养人际交往能力**：尽管 AI 带来了很多便利，但人际交往的能力依然关键。鼓励孩子参加社交活动，提高沟通和合作能力。

- **关注道德教育**：教导孩子在使用 AI 技术时遵循道德规范，明白技术的正确用途和潜在风险。

提升核心竞争力推荐书单

- 《思考，快与慢》丹尼尔·卡尼曼：主要讲述了对大脑思考速度的看法，以及如何改变传统的思考方式。

- 《浪潮将至》穆斯塔法·苏莱曼、迈克尔·巴斯卡尔：深入剖析了以 AI 和生物技术为核心的新一波技术浪潮的特点。

- 《学会提问》尼尔·布朗：批判性思维领域的经典之作。

- 《人类简史三部曲》（《人类简史》《未来简史》《今日简史》）尤瓦尔·赫拉利：分别探讨了人类从哪里来、人类往何处去、人类当下面临的问题和挑战这三大问题。

- 《智人之上》尤瓦尔·赫拉利：以信息网络为主线贯穿人类历史，让读者清晰地看到信息在人类社会发展中的关键作用。

- 《生命 3.0》迈克斯·泰格马克：以全景视角探讨了近未来人工智能对法律、战争、就业和社会带来的影响，并将目光投向了这场变革更为深远之处。

- 《智慧的疆界》周志明：详细讲解了人工智能的全貌、能解决什么问题、面临怎样的困难、尝试过哪些努力、取得过多少成绩、未来将向何方发展。

- 《给孩子的人工智能通识课》三津村直贵：一本帮助孩子了解人工智能的科普读物。

- 《创造性思维：改变思维做决策》托马斯 L. 萨蒂：告诉我们如何挖掘、提高、应用自己的创造力。

- 《AI 会取代我们吗？》雪莉·范：一本兼具知识性与思想性的科普小书，适合对人工智能认识不多、在好奇与戒惧间摇摆的人们阅读。

第二部分

用 DeepSeek 培养小学霸

没有天赋也能写作文

> 🔍 孩子写作文像挤牙膏，有什么办法吗？　　搜索

技巧

1. 作文批改：将孩子所写的作文拍照或输入文字发给 DeepSeek，附上作文题目，让 DeepSeek 提供详细的批改意见，帮助孩子了解作文的优点和不足。如输入"请按照小学三年级作文评分标准，从立意、内容、语言、结构四方面批改这篇作文《秋》，并标出所有的语法错误和错别字"。

2. 结构优化：获取作文结构优化建议，提升作文的整体质量，如输入"请提供一些优化作文结构的建议，如怎么更好地使用衔接词"。

3. 灵感激发：设置"人机接龙"模式，让 DeepSeek 先写 3 句，孩子续写 3 句，激发孩子的写作灵感。如输入"请和孩子进行人机接龙写作，DeepSeek 先写 3 句，孩子续写 3 句"。

拓展应用

- **建立作文素材库**

　　先明确素材方向，结合孩子写作薄弱点与常见作文主题，告知 DeepSeek。接着让它生成故事、名言、时事热点等素材，随后按主题、类型分类整理，存入电子文档。定期让 DeepSeek 更新素材，充实素材库。最后，引导孩子写作文前从中选素材，还可以让 DeepSeek 提供运用示例，帮助孩子学会巧用素材。

实操案例

> 四年级的孩子写《我的老师》总写"老师很负责",缺乏具体事例怎么办?

已深度思考(用时 18 秒)

一、从日常小事中挖掘"负责"的细节

1. 课堂观察

- 描写老师如何发现学生异常:如学生身体不适时暂停讲课,蹲下轻声询问并联系家长。

- 记录老师批改作业的细节:如用红笔逐行标注错误,甚至单独留下学生讲解。

2. 课后关怀

- 举例老师主动辅导的场景:比如放学后留在教室为后进生补课,或自费购买学习资料。

二、用对比手法强化"负责"形象

1. 时间对比

- 描述老师带病上课:如发烧仍坚持批改作业,声音沙哑却耐心讲解。

……

古诗文也能张口就来

🔍 孩子背诵古诗文，怎么总是背了上句忘下句？ 　搜索

技巧

1. 内容解析： 将古诗文内容输入给 DeepSeek，让它帮助孩子更好地理解和记忆。如输入"请用'记忆宫殿法'辅助孩子背诵《将进酒》，并解释诗中的重点字词和典故"。

2. 记忆强化： 生成记忆卡片或顺口溜，强化孩子的记忆效果，如输入"请把《将进酒》的关键内容转化为顺口溜，要求押韵且包含重点字词"。

3. 互动背诵： 设置"互动背诵"模式，DeepSeek 提问，孩子回答，DeepSeek 再进行详细解释，增强孩子的参与感和记忆效果。如输入"请和孩子进行互动背诵，DeepSeek 提问，孩子回答"。

拓展应用

● **出题巩固**

用 DeepSeek 设计古诗文默写题时，先清晰表明需求，明确指定诗文范围，如某篇诗文、某朝代或某教材版本的必背内容，同时说明题型与难度。如"以苏轼的《赤壁赋》这篇文章为内容，出 3 道直接默写题、2 道理解性默写题，难度适中"。等 DeepSeek 生成题目后，仔细检查，看是否准确、有无歧义。若有问题，及时要求修改。最后，依据作者、朝代、体裁等分类整理，方便日常学习巩固或备考冲刺时做针对性练习。

实操案例

> 请用"记忆宫殿法"辅助孩子背诵《将进酒》,并解释诗中的重点字词和典故。

◎ 已深度思考(用时 22 秒)

一、用记忆宫殿法背诵《将进酒》的实操步骤

(以下以"家"为记忆宫殿,按空间顺序规划路线)

1. 选择记忆宫殿与拆分诗句

将全诗分为 10 个核心句(可根据孩子熟悉度调整),对应家中 10 个特征物:

示例路线:玄关鞋柜→客厅沙发→茶几→电视柜→阳台花架→餐厅餐桌→厨房冰箱→书房书架→卧室床→书桌台灯。

2. 动态画面联想

为每句诗设计夸张、有动作的联想画面,绑定到对应地点:

- 玄关鞋柜(对应"君不见黄河之水天上来"):想象鞋柜被汹涌的黄河水冲开,水从天花板倾泻而下,鞋子漂浮在水面。

- 客厅沙发(对应"高堂明镜悲白发"):沙发上坐着一位白发老人,对着沙发旁的镜子流泪。

……

再难的阅读理解也不怕

🔍 孩子总是看不懂阅读理解要表达什么，应该怎么办？　搜索

技巧

1. 文章解析：将阅读理解的文章和题目输入到 DeepSeek，附上孩子的年级，帮助孩子恰当地理解文章的主旨和细节。如输入"孩子五年级，请从语法和句子结构两方面对这篇文章中的重要句子进行分析、总结和整理"。

2. 题目生成：生成阅读理解题目，帮助孩子进行练习，检验孩子对文章的理解程度。如输入"请根据这篇文章帮我出 10 道阅读理解题，题目形式是四选一的单项选择题"。

3. 解题技巧：获取阅读理解的解题技巧和方法，帮助孩子在阅读理解中取得更好的成绩。如输入"提供一些阅读理解的解题技巧，如怎么快速定位关键信息"。

拓展应用

● 阅读专项训练

　　先明确孩子的年级、阅读水平和薄弱点，可输入像"请为阅读时主旨理解差的一个五年级的孩子，生成 5 篇记叙文阅读题，含主旨概括等题型，并生成答案和详细解析"。此外，家长还要检查题目，有问题及时让 DeepSeek 修改。然后孩子按照生成的题目进行阅读专项训练，完成后对照答案批改，分析孩子的答题情况。最后，家长可以把薄弱点反馈给 DeepSeek，让其生成新的针对性强化训练。

实操案例

> 🖼️ 六年级阅读理解.png
> PNG 118.09kB
>
> 六年级的孩子在做《一杯牛奶的感人故事》这篇阅读时，不知道怎么回答"为什么霍华德·凯利能成为一位大名鼎鼎的医生？请结合文章内容说明原因"这个问题，该怎么办？

⊗ 已深度思考（用时 17 秒）

一、问题诊断（孩子答错的根本原因）

1. 表层问题

- 答案停留在"他很努力"等泛泛描述，缺少具体事件支撑。

- 混淆直接原因（个人奋斗）与深层原因（他人影响）。

- 遗漏"成为名医"与"传递善意"的因果关系。

2. 深层障碍

- **关键信息抓取弱**：忽略"一杯牛奶"的象征意义（精神动力）。

- **逻辑链条断裂**：无法串联"童年经历→职业选择→行医方式"的递进关系。

- **主题意识薄弱**：未发现文章"善意的循环"核心思想。

……

[↻ 开启新对话]

给 DeepSeek 发送消息

[⊗ 深度思考（R1）] [⊕ 联网搜索]

跳出数学名称"迷魂阵"

🔍 数学名称都差不多，孩子分不清楚怎么办？　搜索

技巧

1. 识别薄弱点：将孩子不理解的数学概念或相关题目输入DeepSeek，附上孩子目前的年级和学习进度，如"请分析五年级孩子在理解勾股定理时的困难点，并用简单易懂的方式解释"。

2. 趣味学习：借助DeepSeek设计趣味学习游戏，如输入"设计一个关于勾股定理的趣味数学游戏，要求适合小学生"。

3. 专项练习：生成专项练习题，帮助孩子巩固理解，如输入"请生成10道关于勾股定理的练习题，并提供详细的解题步骤"。

拓展应用

● **互动问答**

先明确孩子所处学习阶段与需掌握的数学概念，比如"为初一学生设置有理数概念互动问答"。然后，让DeepSeek生成不同类型题目，像判断对错题，如"−3.5不是有理数，对吗"；选择题，如"以下哪个是正有理数？A.−2，B.0，C.1/2"；简答题，如"简述有理数和无理数的区别"。题目设置要由浅入深，增加趣味性，如结合生活场景提问。孩子答题后，可借助DeepSeek分析，答错就追问引导，答对可拓展相关知识，持续完善互动问答。

实操案例

> 五年级孩子学习"分数比较"时总混淆分子、分母的作用,反复强调仍无法理解,如何用具体方法帮助他?

⊗ 已深度思考(用时 9 秒)

为了帮助五年级学生正确理解和比较分数,可以采取以下具体步骤:

1. 实物模型与直观演示

- **使用食物模型**:如披萨、蛋糕或巧克力条,将整体分成不同份数(分母),取出部分(分子)。例如,比较 1/2 和 1/3 时,展示实际切割后的块数,让学生看到虽然 1/3 的分母更大,但每块更小。

- **分数条或折纸**:用不同颜色的纸条表示不同分母,折叠后比较长度,直观感受分母增大时每份变小。

2. 分情况教学法

- **相同分母**:先练习分母相同的分数比较(如 3/5 vs 4/5),强调分子决定大小。

- **相同分子**:再比较分子相同的情况(如 1/2 vs 1/3),通过实物演示说明分母越大分数越小。

……

↻ 开启新对话

给 DeepSeek 发送消息

⊗ 深度思考(R1)　⊕ 联网搜索

内容由 AI 生成,请仔细甄别

错题不会再错第二次！

🔍 孩子老是在同一种问题上反复丢分怎么办？ 　搜索

技巧

1. 错因诊断： 将孩子的错题拍照或输入文字发给 DeepSeek，附上孩子的年级和学习科目，可以诊断出错题的原因，如计算错误、概念理解错误等，并提供改进建议。如输入"请分析这道几何题的错因，并给出改进建议"。

2. 详细解析： 获取详细的解题思路和步骤，可以帮助孩子理解正确的解题方法。如输入"请提供这道题的详细解题步骤，并解释每一步的原理"。

3. 变式训练： 生成变式题目进行练习，帮助孩子巩固知识点，避免再次犯错。如输入"基于这道题的知识点，生成 3 道难度递增的变式题，并提供解题提示"。

拓展应用

● **错题本生成**

　　要求 DeepSeek 自动生成错题本，将孩子的错题整理成册，并附上详细的解析和改进建议。

● **错题分析报告**

　　要求 DeepSeek 生成错题分析报告，总结孩子在某一知识点上的错误类型和频率，可以帮助家长和孩子了解学习中的薄弱环节。

实操案例

> 初二学生解二元一次方程时总在移项时出错，错题本记了十几道同类错误，如何有效突破？

已深度思考（用时 17 秒）

针对初二学生在解二元一次方程时移项出错的问题，建议从以下方面进行突破：

1. 强化符号变化规则

- 移项本质是等式两边同加减项，需注意：移项时必须变号（如 3x—1=x—4 移项后应为 3x—x=—4+1)，用"箭头法"标记移项方向（如将 5x 从左边移到右边写成 5x →—5x）。

2. 分解移项操作步骤

- 采用"三步移项法"：

①明确需移动的项（如要将—2y 移到右边）；

②在等式两边执行相反运算（等式左右两边 +2y）；

③合并同类项并简化方程。

3. 结合实例对比纠错

针对错题本中的典型错误（如漏变号、符号混淆），制作对比表格：

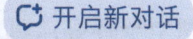

··········

↻ 开启新对话

| 给 DeepSeek 发送消息

深度思考（R1）　　联网搜索

内容由 AI 生成，请仔细甄别

定制孩子的私人练习题

> 🔍 市面上的习题太普遍，没办法针对性地给孩子设置习题怎么办？   搜索

技巧

1. 识别弱项： 将孩子的弱项知识点输入 DeepSeek，附上孩子的年级和学习科目，可以分析孩子的弱项，并生成包含不同难度层次的练习题库，如输入"请根据孩子在几何证明方面的弱项，设计一套有针对性的练习题库"。

2. 解题技巧： 获取解题技巧和方法，帮助孩子在练习中掌握有效的学习策略，如输入"提供一些几何证明题的解题技巧和方法"。

3. 定期更新： 定期更新题库，根据孩子的学习情况和反馈，调整题目的难度和类型，保持题库的针对性和有效性，如输入"请根据孩子的学习进度，更新题库中的题目"。

拓展应用

- **用错题集针对练习**

　　先把孩子错题按知识点、题型整理好，可直接拍照上传让 DeepSeek 进行文本识别，也可文本输入。说明需求，如要求 DeepSeek 按统一格式输出错题，加上详细解析生成文档。日常要定期复习，有新错题及时更新，还能让 DeepSeek 依错题出同类型题，强化薄弱点。

实操案例

> 六年级孩子在圆柱、圆锥体积计算题上错误率高达 70%，如何定制精准训练题？

✅ 已深度思考（用时 21 秒）

步骤与技巧

1. 错题深度分析（定位核心问题）

- 收集数据：整理 10 道典型错题（如将圆锥体积公式写成 $V=πr^2h$，把圆柱直径当半径代入计算）。

- 归类统计：

• 公式混淆型错误（占 45%）：圆锥漏乘 1/3，柱锥体积公式倒用。

• 单位陷阱型错误（占 30%）：计算时未统一单位（如高是 5dm，半径是 10cm）。

• 图形误判型错误（占 25%）：将斜放圆锥当作圆柱，组合图形拆分错误。

2. 三维建模辅助理解

-AR 实景训练：用 DeepSeek 生成可旋转的 3D 模型（如粮仓＝圆锥顶＋圆柱体）长按屏幕分离组合图形。

用 DeepSeek 帮孩子背单词

> 🔍 孩子总是记不住单词，有什么好方法？　　搜索

技巧

1. 确定内容：准备好要背的单词表，拍照发给 DeepSeek。

2. 提出要求：发送提示词，让 DeepSeek 先识别需要记忆的单词。例如"请你把这个单元的单词列出来"。

3. 进一步明确：发送提示词，让 DeepSeek 把这些单词编成口诀或者故事。例如"请你用这些单词写一篇儿童科幻小说，要求 300 字以内，适合小学五年级阅读，重点单词要加粗"。

拓展应用

● **阅读理解**

孩子完成阅读后，让 DeepSeek 根据这篇英语文章出十道题单词题，考查孩子单词学习情况。例如输入提示语："请根据这篇小说，出 10 道易错选择题，要求符合小学五年级的英语作业水平。"

● **记忆打卡**

不仅如此，还可以根据艾宾浩斯记忆曲线，让 DeepSeek 给孩子制订单词每日默写打卡表。比如输入提示语："请根据艾宾浩斯记忆曲线，针对这些单词，制订一个默写背诵打卡表。"

实操案例

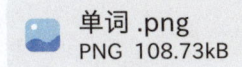

> 单词 .png
> PNG 108.73kB

> 请你帮我把图片中第一单元的单词列出来。（附上图片）

⊗ 已深度思考（用时 19 秒）

以下是图片中第一单元的单词列表（已修正明显拼写错误）：

Unit 1 单词表

1.where /weə(r)/ 在哪里；到哪里 p.4

2.from /frɒm/ （表示来源）来自，从……来 p.4

3.about /əˈbaʊt/ 大约；左右 p.4

…………

> 我的孩子是一个小学三年级的学生，请你用这些单词写一篇儿童童话小说，要求 300 字以内，适合小学三年级阅读，重点单词要加粗。

⊗ 已深度思考（用时 27 秒）

以下是根据这些单词创作的童话小说：

…………

开启新对话

|给 DeepSeek 发送消息

深度思考（R1） 联网搜索

内容由 AI 生成，请仔细甄别

语法太抽象，DeepSeek 来拆解！

> 🔍 总是无法理解的语法难点，到底要怎么学？　　搜索

技巧

<u>1. 提供信息</u>：把孩子过去做错的语法题发给 DeepSeek，让它归纳孩子出现的常见语法类型，发现薄弱点。

<u>2. 输入指令</u>：针对薄弱的语法点，让 DeepSeek 用孩子能够理解的方式解释。比如"请你讲解现在完成时和过去完成时的区别，用一只小猫玩游戏的例子说明"。

<u>3. 创新工具</u>：借助 DeepSeek 搭建语法趣味学习游戏，减轻语法学习的枯燥性和抽象性。比如"设计现在进行时主题的语法积木游戏"。

<u>4. 变形训练</u>：针对前面讲解的薄弱语法点，让 DeepSeek 定制专项训练。

拓展应用

- **语法冷知识**

每天用 DeepSeek 生成一个语法相关的趣味冷知识，并在固定的时间和孩子分享，由此激发孩子学习英语语法的兴趣。

- **励志故事**

当孩子在语法学习上遇到困难，并对此感到气馁时，可以对 DeepSeek 输入"请生成鼓励孩子坚持学语法的教育故事"，获得专属孩子的励志故事，激发孩子继续学习的动力。

实操案例

> 我的孩子是一个四年级小学生,正在学习英语感叹句的语法知识,但总是无法理解,请你用有趣的方式讲解这个语法知识点。

已深度思考(用时 19 秒)

第一站:What 和 How 是超级放大镜!

想象你有一个"Wow 放大镜",看到的东西太酷了,忍不住要喊出来!

• What 专门放大名词(东西的名字),比如:

What a big ice cream!(好大的冰淇淋!)

放大镜对准的是"冰淇淋"(名词),所以用 What!

…………

★小口诀帮你记★

What 放大东西名,How 修饰描述词,

句子结尾加叹号,感情满满超有趣!

试试给你的玩具、零食甚至作业本造几个感叹句吧!

(比如:What a long homework!)

…………

3个步骤秒杀英语阅读理解

🔍 英语阅读理解正确率太低，怎么提高？　　搜索

技巧

1. 提供信息：把孩子做过的英语阅读理解的题目和答题情况发送给 DeepSeek，让它结合这些情况分析孩子的英语水平。

2. 匹配难度：完成上一步后，给 DeepSeek 输入指令，要求它结合孩子的英语水平推荐适合的阅读材料。例如"根据孩子目前的词汇量，推荐一些英语阅读材料"。

3. 导图拆解：因为不理解文章的结构产生的阅读障碍，可以把文章发给 DeepSeek，让它梳理文章的结构，并生成思维导图，帮助孩子锻炼把握文章的逻辑的能力。

拓展应用

- **苏格拉底提问法**

　　这种提问法是通过连续的提问来引导学生进行批判性思考和自我发现，从而深入探索问题的本质和真相。针对一篇有难度的文章，也可以让 DeepSeek 采用这种方式向孩子提问，引导孩子理解逐步理解文章的内容。

- **挖掘高频单词**

　　给 DeepSeek 发几篇阅读理解文章，让它帮孩子分析其中的高频词汇和短语。理解并记住这些，能够有效避免孩子在同一个问题上犯错。

实操案例

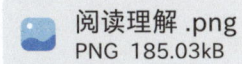

> 📎 阅读理解 .png
> PNG 185.03kB

> 这是一篇小学六年级英语阅读理解，我的孩子不太理解文章内容，请你帮他梳理这篇文章的结构，并生成思维导图。

已深度思考（用时 25 秒）

故事梗概

乡下老鼠邀请城市老鼠到乡下家中做客，但城市老鼠嫌弃乡下环境简陋，转而邀请对方去城市体验。乡下老鼠发现城市生活虽舒适，却充满危险（猫的威胁），最终选择回归简单安全的乡下生活。

思维导图

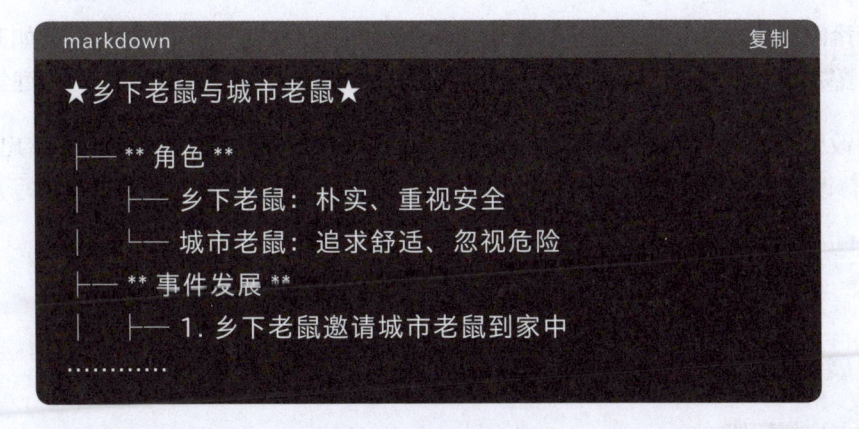

```markdown
★乡下老鼠与城市老鼠★

├── **角色**
│    ├── 乡下老鼠：朴实、重视安全
│    └── 城市老鼠：追求舒适、忽视危险
├── **事件发展**
│    ├── 1. 乡下老鼠邀请城市老鼠到家中
............
```

⟳ 开启新对话

给 DeepSeek 发送消息

◎ 深度思考（R1） ⊕ 联网搜索

内容由 AI 生成，请仔细甄别

英语作文批改不用愁

> 🔍 自己不擅长英语，怎么辅导孩子的英语作文？　　搜索

技巧

1. 输入信息： 把孩子所写的英语作文发给 DeepSeek，不要忘记提供这篇作文的题目。

2. 描述要求： 输入指令，明确是几年级的作文评分标准，并给出具体的批改要求，让 DeepSeek 根据提供的信息批改作文。比如输入"请批改这篇作文，并标出所有的语法和单词拼写错误"，方便孩子直观地看到自己的问题。

3. 诊断书： 让 DeepSeek 从这篇作文中分析孩子在作文写作中的不足，比如时态、单复数等语法问题；还有作文的结构问题，比如标注缺失的衔接词、分段建议等。

4. 改进方案： 针对这篇作文所暴露的英语学习薄弱点，让 DeepSeek 给出精准的修改意见和提升方案。比如单词拼写错误过多，则制订具体详细的单词默写方案。

拓展应用

● **考官模拟器**

　　如果想要提升孩子的英语写作水平，平时可以多加练习。不妨把 DeepSeek 当作考官模拟器，给它输入指令，让它根据不同的主题出作文题，例如：请根据"动物"这个主题出 5 个小学五年级英语作文题。

实操案例

> 我的孩子是一名五年级的学生，下面是他根据题目"Write an essay about your family"写的一篇英语作文，请你帮我批改，给错误加粗。
>
> …………
>
> My father is a techer. He teache math in a middle school. He like reading books and playing basketball. He is very kind and always help me with my homework.
>
> My mother is a doctor. She work in a hosptal. She like cooking and listening to music. She make delicious food for us every day.……

> ⊗ 已深度思考（用时 15 秒）
>
> 以下是批改后的版本，错误已用加粗标出，并附上具体说明：
>
> **批改后的作文：**
>
> …………
>
> My father is a **teacher**（拼写错误：techer → teacher）. He **teaches**（第三人称单数错误：teache → teaches）math in a middle school. He **likes**（第三人称单数错误：like → likes）reading books and playing basketball.
>
> …………
>
> ↻ 开启新对话

给 DeepSeek 发送消息

⊗ 深度思考（R1）　⊕ 联网搜索

内容由 AI 生成，请仔细甄别

定制家庭版科学实验课

> 🔍 学校的科学实验课老师无法一对一，孩子没兴趣怎么办？　搜索

技巧

1. 提供信息：告诉 DeepSeek 孩子现在学习的科学课程内容，还有孩子在学校做的实验内容，并说明孩子对这个实验的感受，比如太复杂、难懂、不感兴趣等。

2. 陈述实验需求：把需要 DeepSeek 提供的帮助描述出来，越具体越好，比如"设计一个同样主题的科学实验，要求材料是家里随手可得的东西，实验步骤简单明了"。

3. 话术引导：为了提高孩子对实验的兴趣和参与度，可以让 DeepSeek 设计一些引导话术，教你在实验的过程中一步一步激发孩子的兴趣，让孩子从"不想做"变成"让我试试看"。

拓展应用

- **闯关游戏**

  让 DeepSeek 把实验拆成几个步骤，并分别为它们设计游戏关卡名称，比如青铜任务是观察现象、黄金任务是改造实验等。让孩子在闯关中获得实验乐趣。

- **角色反转**

  一遍实验结束后，可以让 DeepSeek 反向设计，让孩子做老师，家长做学生。由孩子指导父母做实验，这样能够加深孩子对实验的印象，也能提高孩子的兴趣。

实操案例

> 我是一个小学五年级学生的家长，孩子最近在学校做了一个关于"光的反射现象"的科学实验，但是他认为实验很无聊、没听懂。请你帮我设计一个可以在家里做的"光的反射现象"实验，要求简单、有趣，能够激发孩子的兴趣。

⊗ 已深度思考（用时 27 秒）

好的！我设计了一个名为"光影寻宝大作战"的家庭实验，通过游戏化的方式让孩子在玩耍中理解光的反射原理。这个实验结合了寻宝挑战和科学探索，既有趣又能培养观察力，以下是详细方案：

实验名称：光影寻宝大作战

1. 材料准备（全部可在家找到）：

- 手电筒 / 手机闪光灯（或激光笔，需家长陪同使用）

- 小镜子（化妆镜 / 饼干铁盒盖均可）

- 铝箔纸（揉皱和平整两种状态）

- 白纸、蜡笔 / 贴纸

- 装满水的透明玻璃杯

- 光滑的 CD 光盘

....

↻ 开启新对话

| 给 DeepSeek 发送消息

⊗ 深度思考（R1） 🌐 联网搜索

内容由 AI 生成，请仔细甄别

历史知识花式记忆

> 🔍 历史时间、事件太多太杂，好难背怎么办？　　搜索

技巧

1. 提供背景信息：提问 DeepSeek 前，先告诉它"你是谁、读几年级、正在学习什么内容"，把信息描述得越具体，越能够给出符合知识水平的历史学习方案。

2. 结合教材、定位考点：考前复习记忆要点时，可以直接输入"历史七年级下册第三单元最重要的考点是什么"，DeepSeek 能够梳理出重点记忆的内容，减轻记忆负担的同时，避免做无用功。

3. 趣味讲解：一个历史概念难理解时，根本谈不上记忆。因此可以先让 DeepSeek 用生动有趣的方式讲解抽象的历史概念，理解了就更好记忆。

拓展应用

● **时间轴、记忆口诀**

　　历史最怕时间线错乱，可以试着给 DeepSeek 输入事件名称，要求它"梳理事件发展的时间轴"，并生成可视化的图表，轻松理清思路。或者生成一段顺口溜，辅助记忆。

● **学科联动**

　　让 DeepSeek 挖掘同一个知识点在另一个学科的考点，打通学科壁垒，还能提高知识理解、背诵的效率。比如问"郑和下西洋和地理大发现有什么区别？"等。

实操案例

> 我的孩子是一个初中生，正在学习历史七年级上册的知识。他不理解"分封制"这个知识点，请你用通俗易懂的话向他解释，帮助他记忆这个知识点。

已深度思考（用时 9 秒）

同学你好！我来用最通俗的方式给你解释"分封制"，保证听完就能记住！

- 举个切蛋糕的例子： 周王就像过生日切蛋糕的人，他把整个"大蛋糕"（天下）切块分给亲戚、功臣和老部下（比如姜子牙）。每个人领到一块"小蛋糕"（封地），自己当老板管理（这就是诸侯）。

- 规则很简单：

周王说："地给你们管，但要听我指挥！"

诸侯要定期给周王"交作业"（进贡珍宝、粮食）

打仗时要带兵保护周王（就像游戏里帮主城防敌人）

- 套娃式管理：

周王 → 分给大诸侯 → 大诸侯再分给小领主 → 小领主分给农民种地。就像你玩经营游戏时，主城→分城→村庄的结构。

…………

开启新对话

给 DeepSeek 发送消息

深度思考（R1）　　联网搜索

内容由 AI 生成，请仔细甄别

玩转地理不是梦！

> 🔍 地理概念难理解，各种地图看不懂，怎么办？　　搜索

技巧

1. 提问关键词： 输入知识点关键词，让 DeepSeek 帮助孩子解释地理学科中的各种复杂概念，例如"我的孩子是一个初中生，请你用生活化的语言解释厄尔尼诺"。

2. 总结规律： 让 DeepSeek 总结地理中某现象或过程的规律，如"总结一下世界洋流的分布规律及其对气候的影响"，通过规律的总结来加深对地理知识的理解。

3. 地图记忆法： 孩子记不住地图上不同国家的位置和板块形状，利用 DeepSeek 生成地图简笔画，或者用有趣的语言总结板块形状特点。例如"画一个欧洲地图简笔画，标出意大利、西班牙的形状特点"。

拓展应用

- **热点分析师**

　　把热点地理新闻发给 DeepSeek，让它分析事件背后涉及的地理知识。例如："2024 年 10 月，北京出现了极光。极光通常出现在高纬度地区，请以通俗易懂的语言告诉我为什么会在北京出现极光。"

- **冷知识问答**

　　一些看似无厘头的问题可能包含着复杂的地理知识，采集孩子的这些"无厘头"问题，把它发给 DeepSeek，会有意想不到的回答，说不定奇怪的知识又增加了。

实操案例

> 我的孩子是一个初一的学生,正在学习"全球气候"等知识,请你用通俗的语言向他解释"厄尔尼诺"。

◎ 已深度思考(用时 13 秒)

好的!我来用最简单的方式解释"厄尔尼诺",就像讲故事一样:

厄尔尼诺是什么?

你可以把太平洋想象成一个"巨型空调",平时是这样工作的:

- 正常模式:

- **东边(靠近南美洲)**:海水冷 → 空气下沉 → 干燥少雨(比如秘鲁经常是沙漠气候)。

- **西边(靠近澳大利亚、印尼)**:海水暖 → 空气上升 → 降雨多(比如热带雨林经常暴雨)。

厄尔尼诺来了!

突然有一天,太平洋的"空调遥控器坏了":

- **暖水乱跑**:原本堆在西边的暖水,"哗啦"一下,全跑到东边去了!

…………

帮孩子打造独有的学习法

🔍 别人的学习方法，对我的孩子没有帮助怎么办？　　搜索

技巧

1. 数据采集： 上传孩子近 3 次考试卷 + 作业错题，输入"分析薄弱知识点，生成《学科能力雷达图》"，并补充孩子的学习时间、兴趣点等信息，如"每天可学习 2 小时，最怕文言文翻译，喜欢看科普视频"。

2. 目标设定： 明确孩子的学习目标，如"提高数学成绩，争取在下次考试中达到 80 分以上"。

3. 时间规划： 让 DeepSeek 根据孩子的学习情况和目标，生成个性化的学习计划，包括每天的学习任务、时间安排等。如"设计包含运动和休息的每日时间表，生成可视化甘特图"。

4. 计划调整： 上传最新学习进度和反馈，让 DeepSeek 定期更新学习方法，如每周上传孩子的进度后输入"根据孩子的学习进度和反馈，调整学习计划，确保计划的可行性和有效性"。

拓展应用

● **学习资源推荐**

根据孩子的学习需求，让 DeepSeek 推荐相关的学习资源，如教材、练习题、视频教程等。

● **家庭协同计划**

家长输入自身工作计划，让 DeepSeek 生成"亲子共学时段"（如 19:00—19:30 全家阅读挑战）。

实操案例

> 八年级孩子物理力学部分薄弱,每天有1个小时学物理,讨厌枯燥的公式讲解,如何制订21天攻坚计划?

✦ 已深度思考（用时18秒）

八年级物理力学21天攻坚计划（每天1小时·反刷题版）

结合搜索资料和力学学习规律,制订以下"情境驱动 + 实验渗透"的趣味提升方案:

一、阶段划分与核心目标

1. 第一阶段（第1—7天）：建立力学感知体系

- 目标：通过生活现象理解牛顿定律、受力分析等基础概念,消除公式恐惧。

2. 第二阶段（第8—14天）：构建力学思维模型

- 目标：掌握压强、浮力、机械等综合应用,能用物理原理解释复杂现象。

3. 第三阶段（第15—21天）：培养解题迁移能力

- 目标：通过错题改造和命题游戏,实现从知识到能力的转化。

……

执行计划有妙招

> 🔍 学习任务太多，怎么能让孩子高效执行计划呢？　　搜索

技巧

1. 任务分解： 把学习计划里的大任务细化成每日、每时段小任务，如"把这周语文背诵古诗词任务拆成每天的小目标"。

2. 实时答疑： 执行计划时遇到难题，随时提问 DeepSeek，比如做数学难题卡壳，家长可以随时让 DeepSeek 提供解题思路等帮助，如"孩子在做数学方程题时卡住了，请帮忙解释一下解这道题的思路"。

3. 进度监督： 每天上传孩子完成任务情况打卡，让 DeepSeek 分析进度是否符合计划并提出调整建议，如"孩子已经连续三天没完成英语阅读练习，如何调整接下来的计划"。

4. 心态激励： 孩子学习疲惫、想放弃时，家长可以通过 DeepSeek 提供励志故事或分享学习成就感，增强孩子的自信心，例如"孩子今天数学测试进步了 10 分，请分享一些励志故事鼓励他保持下去"。

拓展应用

- **学习月度报告**

　　整理孩子当月各科测验成绩、作业完成情况，上传这些信息，要求"根据以上这些学习数据，请生成孩子本月的学习月度报告"，再按需求调整参数，比如报告的详略要求，就能得到月度报告。年度报告类似，可要求 DeepSeek 从多方面分析，然后制订下一年度的学习成长规划。

实操案例

> 八年级的孩子需要在寒假读完《昆虫记》《钢铁是怎样炼成的》两本书,并写两篇读后感,请你帮他制订合理的计划,切实完成任务。

已深度思考(用时 14 秒)

第一阶段:阅读启动与兴趣建构(第 1-7 天)

一、《昆虫记》精读策略:

1. 主题化场景阅读(每日 45 分钟)

- 设立"昆虫观察站":阅读时同步播放自然白噪声。

- 使用"五感批注法":用不同颜色或符号标记视觉、听觉、行为等描写(如螳螂捕食标红色惊叹号)。

- 实践"虫虫直播间":模仿主播口吻给家人讲解当日读到的昆虫冷知识。

2. 跨媒介增强体验

如对照 BBC《微观世界》纪录片验证书中描述。

制作 3D 昆虫模型(使用 Canva 可画设计昆虫立体书签)。

二、《钢铁是怎样炼成的》预热准备(每日 45 分钟)

....

↻ 开启新对话

| 给 DeepSeek 发送消息

⊗ 深度思考(R1)　　⊕ 联网搜索

内容由 AI 生成,请仔细甄别

精准预习不迷路

> 🔍 孩子上课跟不上，应该怎么做预习准备？　　搜索

技巧

1. 知识导图：输入要预习的学科章节，如"请分析七年级下册数学人教版教材的第一章内容，并绘制知识导图"。

2. 资料推荐：了解预习该章节需要参考哪些教材、辅导书、线上课程片段，如"预习历史'古代文明'，有哪些纪录片片段能帮我提前了解"。

3. 联想拓展：联想生活实例，让孩子加深理解，比如"预习化学'酸碱盐'，可以联想到生活中涉及这些知识的哪些场景"。

4. 预习测试：预习完，让 DeepSeek 出几道简单测试题，检验预习效果，像"刚预习完生物'细胞结构'，出几道选择题考考我"，答完后上传答题情况，让它指出薄弱点，提醒孩子进行针对性复习。

拓展应用

- **时间管理**

　　根据孩子的学习任务和年龄特点，让 DeepSeek 制订合适的番茄钟学习计划。比如"孩子今天有两个小时预习语文六年级上册第一单元的课文，请你帮他制订番茄钟学习计划"。

实操案例

> 孩子要预习人教版七年级上册生物学第二章"认识细胞",请分析一下这章,并绘制知识导图帮助孩子预习。

⊗ 已深度思考(用时 10 秒)

七年级上册生物学第二章"认识细胞"核心知识点解析与预习导图:

一、章节知识框架分析

根据人教版教材和搜索资料,本章可分为以下核心板块:

1. 细胞的基本结构

- 细胞膜:控制物质进出(选择透过性),保护细胞内部。

- 细胞质:含线粒体(能量转换)、叶绿体(植物特有,光合作用场所)等细胞器。

- 细胞核:储存遗传物质 DNA,控制细胞生命活动。

2. 细胞的生命活动

- 物质交换:主动运输(需能量,如吸收葡萄糖)、被动运输(自由扩散、协助扩散)。

- 能量转换:线粒体分解有机物释放能量,叶绿体将光能转化为化学能。

……

↻ 开启新对话

复习大纲一键整理

> 🔍 孩子每次整理的复习大纲就像一团乱麻，可以怎么帮助他？　　搜索

技巧

1. 梳理框架：输入孩子的具体学科、复习范围，快速整理知识框架，按单元、主题分类，例如"请梳理人教版七年级上册数学教材的复习大纲"。

2. 标注重点：询问哪些知识点是考试常考、易错的，用不同颜色或符号在大纲中标注，如"帮我找出数学'数与代数'部分的易错知识点，在大纲里标红"。

3. 真题辅助：结合历年真题，分析考点出现频率，融入复习大纲，像"参考近3年期末数学真题，调整复习大纲里几何部分的复习重点与时间分配"。

4. 总结技巧：针对复习大纲里的难点知识，总结答题技巧，比如"复习语文文言文阅读，有什么快速理解文意、准确答题的技巧"，让孩子带着技巧复习，事半功倍。

拓展应用

- **思维导图法**

　　描述复习的主题和大致内容，例如"请你整理八年级历史'中国古代朝代变迁'的思维导图大纲"，然后根据 DeepSeek 生成的初步思维导图框架进一步提问，比如"唐朝的文化方面有哪些具体知识点"，以此完善思维导图的细节，帮助建立复习思维体系。

实操案例

> 请梳理人教版七年级上册数学教材的复习大纲,并标记易错知识点,让孩子能够清楚明了地完成复习任务。

已深度思考(用时 10 秒)

人教版七年级上册数学复习大纲(易错点标注版)

第一章 有理数

知识框架

1. 正负数与数轴

- 正负数的意义与应用(海拔、温差等实际场景)。

- 数轴三要素:原点、正方向、单位长度。

- 易错点:混淆"$-a$ 是负数"(当 a 为负数时,$-a$ 是正数)。

2. 相反数与绝对值

- 相反数的代数意义(如:若 $a+b=0$,则 a 与 b 互为相反数)。

- 绝对值的几何意义与性质(难点:$|a|=|b|$ 的两种可能解)。

- 易错点:计算 $|-3|-|-2|=1$ 时,误写为 5。

3. 有理数运算

…………

归纳总结让学习事半功倍

🔍 知识太多记不住，做题不会举一反三，怎么办？　搜索

技巧

1. 查缺补漏：学习完一个知识点之后，让孩子用自己的语言向 DeepSeek 讲述这个知识点，让它检查孩子的学习成果，及时查缺补漏。

2. 知识梳理与总结：把正在学习的知识章节告诉 DeepSeek，让它帮助梳理出这个部分的知识要点；还可以针对某一个知识点，让它总结其中的规律。比如，输入"我的孩子是一个初中生，请帮他梳理物理八年级上册第二章'声现象'的重点知识"。

3. 学习记录：每天睡觉前把今天学习的知识总结成关键词发送给 DeepSeek，定期让它生成复习提纲，方便回看一段时间内的学习脉络。

拓展应用

- **费曼学习法**

　　费曼学习法是指用简短的语言向别人清楚地解说一件事，来检验自己是否真的弄懂了这件事。我们可以使用这个方法，把 DeepSeek 当作学习教练，让孩子向 DeepSeek 解释一个知识点，以此来判断孩子是否完全掌握了这个知识。

实操案例

> 你是一个专业的学习辅导教练,我希望你用费曼学习法帮助我的孩子学习。下面他将解释什么是"地壳运动",请你判断他对这个知识的掌握情况。
>
> 他的解释:地壳运动就是由地球内力引发的地球表面的运动,它会引起火山爆发、地震等。

⊗ 已深度思考(用时10秒)

他的解释基本正确,但仍有提升空间。以下是详细分析和建议:

✓ 正确部分:

他正确指出了地壳运动的本质是地球内力驱动(如地幔对流、热能积累等)。

他准确列举了火山爆发和地震作为典型现象。

✗ 需补充/修正的部分:

1. 概念精确性:

地壳运动不仅影响地球表面,还涉及地壳内部结构变化,如板块挤压形成山脉(如喜马拉雅山)、板块拉伸形成裂谷(如东非大裂谷)。

……………

↻ 开启新对话

| 给 DeepSeek 发送消息

⊗ 深度思考(R1)   ⊕ 联网搜索

内容由 AI 生成,请仔细甄别

考前模拟卷，告别考试焦虑

> 🔍 大考前心里没有底，不知道往哪个方向努力？　　搜索

技巧

1. 错题本：平时多把错题发给 DeepSeek，分析出题目的考点和易错点后，让它把错题放进这一知识点的专属错题本中。考试前复习时，输入指令对易错题进行针对性复习。例如"生成一份针对'二次函数'的 7 天复习计划，包含每日 1 道错题重做 +1 道新题巩固"。

2. 模拟卷：如果想让 DeepSeek 根据考试内容出一张模拟卷，在指令中可以明确这些内容，如科目、年级、教材版本、考试范围、题型要求、难度设定以及一些特殊需求。除此之外，还可以上传一些以往的真题试卷，让它根据真题预测考题。

拓展应用

● **分析高频考点**

如果想要知道不同知识点的考查情况，可以把近几年的真题发给 DeepSeek，让它列出某个知识点的考查频率，并结合考情分析提升正确率的方法。例如输入指令："分析近五年英语试卷中的完形填空题，总结出其中的高频单词 20 个，并附带出现次数、正确选项次数，结合考情分析出完形填空提升正确率的方法。"

实操案例

> 我的孩子是一个七年级的学生,请你帮我出一份期末模拟卷:科目是地理,教材版本是人教版,考试范围是七年级上册地理整本教材,难度设定是中等,不附带答案,试卷格式是可打印的排版。

已深度思考(用时 23 秒)

人教版七年级上册地理期末模拟试卷(考试时间:60 分钟 满分:100 分)

一、单项选择题(每题 2 分,共 30 分)

1. 关于经纬线的说法,正确的是( )

　　A. 所有纬线长度相等

　　B. 经线指示东西方向

　　C. 本初子午线是 0°经线

　　D. 赤道是最长的经线圈

2. 下列大洲中,全部位于北半球的是( )

　　A. 欧洲、北美洲

　　B. 非洲、南美洲

　　……

时间管理小助理，赶走孩子的拖延症

> 🔍 总是把事情放到最后一刻来做，如何才能帮孩子改掉这个毛病？　　搜索

技巧

1. 目标拆解： 让 DeepSeek 把一个大目标拆解成每日小目标，然后生成计划导入日历提醒，每日完成后获得积分。例如输入"请将阅读'《西游记》'拆解为每天 25 分钟的 30 天计划，包含章节划分和每日问答"。

2. 任务可视化： 把需要做的事情发送给 DeepSeek，它可以结合实际情况生成分布流程图，把流程图打印下来贴在学习区，每完成一个阶段就打钩。这样能够帮助孩子养成做事有条理的习惯。

3. 动态优先级矩阵： 任务有很多个时，孩子往往不知道先做哪个，所以会拖延。这时可以利用 DeepSeek，输入任务列表，它能自动生成动态矩阵，明确每个任务的轻重缓急和剩余时间。这样孩子自然能有序地完成每件事。

拓展应用

- **时间胶囊复盘法**

　　利用 DeepSeek 记录周期性的成长，比如让它每周生成"时间投资报告"，包括有效学习时长和娱乐时长、各科目时间分配雷达图等。根据这些信息，还可以生成时间安排的改进建议，比如"科学预习时间可缩短 15%，用于加强英语听力"。

实操案例

> 我的孩子是个小学生,现在要完成数学练习册的 P20—25,包含 5 道应用题 +10 道计算题,请你帮我生成一个时间安排流程图。

已深度思考(用时 16 秒)

以下是为孩子设计的数学练习时间安排流程图,结合了高效学习和适当休息的原则:

数学练习时间流程图(总时长约 90—120 分钟)

1. 准备阶段 5 分钟

├── 整理书桌、准备好文具

├── 翻看教材对应知识点

└── 准备计时工具

2. 应用题攻关(每道题分配 8—12 分钟)

├── 第 1 – 2 题 20 分钟

│ ├── 读题划重点

│ ├── 分步解答

…………

偏科严重，快速补救

> 🔍 孩子偏科学习跟不上，怎么办？　　　　搜索

技巧

1. 学科兴趣迁移： 输入孩子的优势学科和薄弱学科，要求 DeepSeek 设计两者融合任务。比如孩子的优势学科是物理，薄弱学科是英语，就可以输入"请生成 5 个用英语解说的物理实验"。

2. 概念翻译： 运用 DeepSeek 智能拆解能力，将薄弱学科术语转化为孩子熟悉的领域语言。比如用游戏的方式解释化学方程式，得到"化学方程式→游戏技能合成公式：'H_2O= 水系法师（H）×2+ 氧战士（O）联合技'"。

3. 进步报告： 把孩子的进步生成数据，每月生成"相对进步可视化报告"，弱化绝对分数。比如"语文古诗文理解力↑30%（超越班级 67% 同学）/ 数学应用题反应速度↑15%"。

拓展应用

- **碎片知识胶囊**

利用 DeepSeek，把薄弱学科的知识碎片化，比如设置每日 3 次"学科彩蛋推送"，既利用碎片时间，又强化知识记忆。还可以跨场景触发机制，关联生活场景与薄弱学科知识，比如在超市购物时，询问 DeepSeek 关于商品价格中涉及的小数知识点。

实操案例

> 我是一个初一学生的家长，我的孩子偏科严重，薄弱学科是语文，请你为他设计一个语文闯关任务。

⊗ 已深度思考（用时 27 秒）

以下是为初一学生设计的「语文江湖闯关计划」，结合 DeepSeek 智能系统与游戏化学习机制，共设 6 大关卡体系，每关包含 3 个实战任务，配套具体实施方法和 AI 工具使用指南：

第一关：字词筑基谷（基础能力重塑）

– 任务 1：AI 错字猎人

• 操作：上传作文/作业至 DeepSeek「错字雷达」

• 机制：系统标红错别字形成「错字悬赏令」，每修正 5 个解锁 1 个武功秘籍残页

• 奖励：集齐 10 页可兑换「书法大师 VR 体验课」（临摹王羲之《兰亭集序》）

– 任务 2：成语接龙擂台

• 规则：与 AI 进行主题接龙（如历史篇/自然篇），接续失败自动推送成语典故动画

············

↻ 开启新对话

给 DeepSeek 发送消息

⊗ 深度思考（R1）　⊕ 联网搜索

内容由 AI 生成，请仔细甄别

帮孩子摘掉受挫"紧箍咒"

> 🔍 孩子学习一遇到困难就很受挫，有什么好办法吗？　　搜索

技巧

1. 树立正确的认识： 输入问题，让 DeepSeek 以故事的形式讲解挫折的意义，培养孩子树立正确的挫折观，例如输入"孩子学习遇到挫折就泄气，你能用简单易懂的故事讲讲挫折和成长的关系吗"。

2. 分析原因，给出方案： 将孩子近期学习受挫的具体事例（如考试成绩下滑、作业难题做不出等）详细描述给 DeepSeek，让它帮忙制订针对性的提升方案，例如输入"孩子在读七年级上册，期中数学考试没考好，很沮丧，请你帮我分析一下可能的原因，并针对性地制订一个简单的提升计划"。

3. 持续鼓励与反馈： 孩子受挫泄气时，更需要家长的鼓励让他们感受到支持和认可，增强他们的动力，从而继续坚持学习计划，如输入"孩子按照计划学习了一周，但还是有点泄气，请给我一些鼓励孩子的话术，让他能坚持下去"。

拓展应用

- **抗挫折练习**

　　根据孩子的具体情况，让 DeepSeek 协助制订抗挫折练习计划。比如孩子在数学学习上遇到难题容易放弃，可以说："请帮我制订一个针对四年级孩子数学学习中抗挫折的一周练习计划，并同步设定奖励机制。"

实操案例

> 孩子上五年级,这次语文单元测试成绩大幅下滑,作文部分扣分严重,孩子因此十分失落,觉得自己写作能力很差。请你用通俗易懂的语言,帮我分析孩子成绩下滑的可能原因,并针对作文提升,制订一个短期且实用的改进计划。

已深度思考(用时 23 秒)

一、成绩下滑原因分析(用孩子能听懂的话解释)

1."题目变狡猾了"

- 可能原因:五年级开始考更复杂的作文类型(如议论文、书信),就像游戏升级后出现新怪物。

- 例子:以前写《我的妈妈》是打小怪,现在写《如何看待手机使用》是打 BOSS。

2."时间小偷捣乱"

- 可能原因:前面题目耗时太多,留给作文的时间不够,像游戏最后关卡来不及蓄力放大招。

例子:本来能写 500 字的作文,最后只写了 200 字草草收尾。

3."素材仓库没补货"

……………

三步让孩子懂理财

> 🔍 孩子花钱总是大手大脚，该怎么教导他？　　搜索

技巧

1. 陈述情况：输入孩子的实际情况，了解孩子的想法和正确引导孩子的方向。例如输入"孩子不懂规划零花钱，乱花钱的情况比较严重，对于13岁的孩子来说，普遍有哪些消费观念特点，零花钱规划又该遵循哪些原则呢"。

2. 规划方案：描述孩子零花钱数额及日常开销情况，制订合适的消费计划。如"孩子每周有50元零花钱，平时主要开销在文具、零食，偶尔会买些小玩具，请你结合之前提到的消费观念和规划原则，帮我制订一个适合他的零花钱规划方案，包括各项支出的合理占比、储蓄计划等"。

3. 突发情况指导：询问突发状况的指导策略。如"孩子在零花钱规划过程中，可能会遇到想买超出预算的东西、不小心丢钱等突发状况，结合之前提到的孩子消费观念和规划原则，我该怎么引导他应对呢"。

拓展应用

- **制作预算表**

　　梳理孩子的财务情况，明确每月的零花钱金额，是否有额外收入，近期是否有大额支出计划。如"孩子15岁，每月零花钱200元，下月打算花100元买绘画工具，请你制订一个预算表，以表格的形式呈现"。

实操案例

> 我孩子12岁，每月有150元零花钱，日常主要花费在购买漫画书、小零食上，偶尔会买些小玩具。请你用通俗易懂的语言，结合这个年龄段孩子的消费观念与规划原则，制订一个零花钱规划方案，涵盖各项支出的合理比例，以及可行的储蓄计划等，帮助孩子养成良好的理财习惯。

已深度思考（用时21秒）

好的！以下是为12岁孩子量身打造的零花钱规划方案，用孩子能听懂的语言设计，既保护他们的"花钱快乐"，又悄悄培养理财能力：

一、钱要分"四个口袋"

1. 储蓄口袋（30%：45元）

- 做什么用：存着买"大宝贝"（比如新游戏机、限量球鞋）

- 怎么实施：用透明罐子存钱，罐子外贴目标图片（比如贴上游戏机照片）

- 秘诀：你存45元，爸妈额外奖励20元（就像游戏通关奖励）

2. 快乐口袋（50%：75元）

- 买什么：漫画书 + 零食 + 小玩具（但要定规矩！）

....

[开启新对话]

一键消除孩子考试焦虑

> 🔍 孩子考试紧张总出错，如何帮他调整心态？　　搜索

技巧

1. 剖析紧张根源： 家长可以将孩子考试紧张的表现（如考前失眠、考试时手抖、大脑空白等）告诉 DeepSeek。例如输入"我孩子一到考试就特别紧张，考试时手抖、大脑空白，请你帮我分析一下是什么原因导致他考试紧张"。

2. 缓解紧张方法： 家长根据 DeepSeek 分析的原因，继续提问，如若是知识掌握不扎实导致紧张，就输入"我孩子因为知识掌握不扎实所以考试紧张，请你给我一些在考前帮助他巩固知识、增强信心，从而缓解紧张的方法"。

3. 模拟考试环境： 通过模拟考试，孩子可以逐渐适应考试环境和节奏，减少考试时的紧张感，家长可以输入"我想在家里模拟考试环境，让孩子不再那么紧张，请你帮我提供一些好的建议和方法"。

拓展应用

- **制订考前准备计划**

　　清晰全面地提供孩子的相关信息，包括考试科目、当前学习状况、可用时间等，让 DeepSeek 生成贴合需求的计划。如"孩子离六年级下册的英语期末考试还有一个月，他听力和写作比较薄弱，每天有 1 小时的学习时间。请制订一份考前准备计划，同时加入一些心理调适的建议，帮助孩子应对考试压力"。

实操案例

> 我家孩子上初二，还有半个月要进行生物和地理的会考了，这两门课一直是他的弱项。最近几次模拟考，他一进考场就手心出汗、心跳加速，拿到试卷脑子一片空白，原本会做的题也频繁出错。上次模拟考成绩出来后，他特别沮丧，对接下来的正式考试愈发恐惧。请你用通俗易懂的语言，帮我分析下孩子考试紧张的深层原因，再给些能有效缓解他紧张情绪的方法，最好能详细到考前一周每天的具体操作。

已深度思考（用时30秒）

一、紧张根源揭秘（用孩子能听懂的方式解释）

1. "大脑被劫持"现象

- 真相：紧张时大脑的"警报器"（杏仁核）会抢走"指挥官"（前额叶）的控制权

- 比喻：就像手机突然弹出100条广告，重要APP反而卡住用不了

2. "失败预言"循环

- 原理：上次考砸的记忆变成"恐怖预告片"，每次考试自动在脑内播放

……

专治孩子的"小脾气"

> 🔍 孩子像个小刺猬，敏感易怒一点就炸，我该怎么办？ 　搜索

技巧

1. 探寻情绪成因：详细描述孩子敏感易怒的具体场景和表现，了解孩子情绪问题的根源，如"我孩子在学校被同学开玩笑后就会大发雷霆，在家里如果我们对他的要求稍微严格一点，他就会生气很久，请你帮我分析一下他为什么这么敏感易怒"。

2. 情绪管理技巧：直接询问 DeepSeek 缓解孩子情绪问题的方法，如"当孩子敏感易怒情绪爆发时，我该怎么安抚他呢？请给我一些具体的方法和话术"。

3. 长期情绪管理引导：如果想要解决孩子敏感易怒的根本问题，可以输入"我想长期帮助孩子学会管理自己的情绪，让他不再那么敏感易怒，你能给我一些系统的方法和建议吗"。

拓展应用

- **情绪监测表**

　　明确告知 DeepSeek 孩子的年龄、性别等基本信息，以及目前孩子情绪管理方面存在的主要问题，例如："我家孩子 13 岁，男孩，情绪敏感易怒，经常因为小事发脾气，请帮我制作一份适合 13 岁男孩的每周情绪调查表，用于跟进他情绪管理的改善进度。"每月可以进行一次总结，让 DeepSeek 分析孩子的变化，并提出下一步建议。

实操案例

我家孩子刚上初一,最近变得特别敏感易怒。写作业遇到难题就扔笔喊叫,同学碰倒他的模型玩具会瞬间发火,在学校还因小事和同桌起冲突,请你用通俗易懂的语言分析一下原因,并提供相应的解决办法。

已深度思考(用时 18 秒)

孩子进入初一后出现敏感易怒的表现,是青春期身心变化与外部环境共同作用的结果。以下是具体原因和可操作性建议:

一、原因解析:

1. 激素风暴的生理冲击

青春期激素水平剧烈波动,杏仁核(情绪脑)发育快于前额叶(理性脑),导致孩子像"油门灵敏但刹车失灵的车",容易一点就炸。

2. 身份转换的适应压力

从小学到初中面临三重转变:科目增加 50%、作业量翻倍、同学关系重组。就像成年人突然被空降到新公司还要兼任三个岗位。

3. 自我意识的觉醒矛盾

……

开启新对话

给 DeepSeek 发送消息

深度思考(R1) 联网搜索

内容由 AI 生成,请仔细甄别

教孩子勇敢地说"不"

> 🔍 孩子不会拒绝人、总怕同伴不高兴，怎么办？　　搜索

技巧

1. 场景模拟： 让 DeepSeek 生成孩子可能会在生活中遇到的场景，然后进行对话训练。例如输入"我是一个小学生家长，我的孩子总是不懂拒绝别人，请你帮我设计一个物品借用的场景，帮助孩子练习拒绝别人"。

2. 解构恐惧： 孩子害怕拒绝别人，往往是害怕拒绝别人后的后果，比如朋友不跟自己玩等。因此可以借助 DeepSeek 生成后果可视化对比，比如输入真实事件"同学要我考试传答案"，让它得出同意后面临的后果与拒绝后获得的好处，有这样的对比，孩子就更能坚守原则。

3. 拒绝话术： 有时候孩子想拒绝别人，但是不知道如何说，这样就可以让 DeepSeek 提供拒绝的"多种话术"，让孩子选择一种能接受的话术，作为以后的拒绝模板。

拓展应用

- **边界条约**

　　孩子不敢拒绝多半是因为害怕伤害友谊，不明确自己和朋友之间的边界。因此，可以借助 DeepSeek 生成一个《友谊边界公约》，帮助孩子认清什么是个人专属的东西、什么是有条件分享的东西等。

实操案例

> 我是一个小学生家长,我的孩子总是不懂拒绝别人,请你帮我设计一些生活场景,帮助孩子练习拒绝别人。

⊗ 已深度思考(用时 20 秒)

以下是针对小学生设计的「拒绝练习」生活场景及沟通话术,帮助孩子在保护自我需求的同时,用礼貌且坚定的方式表达拒绝。建议家长通过角色扮演游戏引导孩子反复练习,逐步建立自信:

场景一:借东西的拒绝

情境:同学频繁借走孩子新买的彩笔却不归还。

演练步骤:

1. **明确态度:**

教孩子直视对方眼睛,声音清晰地说:

"这是我的新彩笔,我也要用来画画,今天不能借给你了。"

2. **替代方案(可选):**

"你可以先用我的旧彩笔,或者等明天我再借你新的。"

…………

关键 3 步培养孩子的社交能力

> 🔍 孩子太内向不敢交朋友，怎么办？　　搜索

技巧

1. 社交分阶模拟：孩子提升社交能力是一个循序渐进的过程，因此可以让 DeepSeek 按照从易到难的顺序设计不同的社交场景。比如输入"请生成一个 7 岁害羞孩子的虚拟同学角色，性格温和、喜欢恐龙，设计 3 种难度不同的社交训练场景"。

2. 认知重构训练：了解孩子的想法，明确孩子为什么不敢主动交朋友，然后把孩子的想法输入给 DeepSeek，获取重构认知的建议，帮助孩子打破对社交的恐惧。

3. 虚拟榜样对话：当孩子需要参加一个社交场景，并为此感到紧张时，可以让 DeepSeek 模拟孩子最喜欢的一个动画角色的语气，示范如何社交。比如"用孩子最喜欢的动画角色（如小猪佩奇）的语气，示范如何邀请朋友参加生日会"。

拓展应用

- **复盘分析**

　　如果孩子在某个社交事件中受挫，那我们需要帮助孩子分析背后的原因，而不是盲目拒绝社交。家长可以把事件描述给 DeepSeek，获取多角度的分析，并获取改进建议。

实操案例

> 我的孩子不敢交朋友，请你创造一个 10 岁的虚拟伙伴，喜欢星空探索和乐高，说话温柔有耐心，并设计一些从易到难的社交场景进行交友模拟。

已深度思考（用时 24 秒）

以下是为您设计的虚拟伙伴及分阶段社交练习方案：

虚拟伙伴设定

名字：小星（性别可根据孩子情况调整）

性格档案：

- 说话总带着春风般的温和语调，语速比同龄人慢 30%
- 书包上总挂着乐高宇航员挂件和星图徽章
- 拥有用乐高组装望远镜的特殊技能

…………

分阶段社交模拟训练

【初阶·自然相遇】

场景：图书馆天文图书区

…………

孩子有十万个"为什么"

> 🔍 作为家长,要如何回答孩子的十万个"为什么"? 搜索

技巧

1. 即时科普:面对孩子突发的科学问题,比如自然现象、生物特征等,可以使用"儿童化语言转化"指令确保孩子能够理解,同时要求 DeepSeek 生成互动问答来拓展知识。比如输入"用 7 岁儿童能理解的语言解释彩虹形成原理,要求设计 3 个递进式互动提问"。

2. 思维训练:趁机培养孩子批判思维与信息甄别能力,要求 DeepSeek 对同一个问题生成多角度解释,设计思辨练习。比如输入"关于恐龙灭绝的原因,请提供 3 种不同科学假说"。

3. 情感引导:当孩子的问题涉及价值观等敏感问题时,可以先解析儿童的心理特征,然后进行情景模拟,最后给出符合心理特征的应对方法。

拓展应用

- **建立知识体系**

　　如果孩子对某一方面的问题具有浓厚的兴趣,那么我们的回答可以更加深入,甚至制订一个学习计划,让孩子建立起一个系统的知识结构。比如孩子对汽车工作原理感兴趣,则可以输出这样的指令:"请针对汽车工作原理,制订 7 天渐进式学习地图。"

实操案例

> 我是一个 9 岁孩子的家长,请你用孩子能懂的语言解释"为什么天空是蓝色的"。

◎ 已深度思考(用时 27 秒)

当然可以!我们可以这样解释:

"你知道吗?太阳光看起来是白色的,但其实它藏着彩虹里所有的颜色哦!当阳光'旅行'到地球的时候,会遇到空气中很多看不见的'小帮手'(比如空气分子和小灰尘)。

这些'小帮手'特别喜欢蓝色,它们会把蓝色的光像小弹力球一样弹来弹去,让蓝色光在整个天空里跑来跑去!而其他颜色(比如红色、黄色)比较'乖',它们会直接穿过空气照到地面,所以我们的眼睛更容易看到被弹得到处都是的蓝色——这就是天空变蓝的秘密啦!

对了,傍晚天空有时候会变成红色或橙色,也是因为太阳光这时候要'跑更远的路',蓝色光都被弹走啦,剩下的颜色就出来'表演'了!是不是很神奇?"

用孩子熟悉的弹力球、彩虹和"小帮手"做比喻,能让他们轻松理解散射现象哦!

....

给 DeepSeek 发送消息

⊗ 深度思考(R1) 🌐 联网搜索

内容由 AI 生成,请仔细甄别

聪明的父母这样解决亲子冲突

🔍 因爱而生的家庭矛盾，怎样才能解决？　　搜索

技巧

1. 非暴力沟通训练： 亲子间的矛盾，有些时候是因为家长不懂得正确表达关心，导致孩子拒绝沟通。这时可以借助 DeepSeek 生成一些非暴力沟通话术，或者了解孩子的心理需求和回应方式。比如输入"请生成非暴力沟通训练卡（含情景对话案例）"。

2. 家庭公约： 如果是因为孩子的不良行为产生矛盾，如沉迷手机、拖延不写作业等，则可以利用 DeepSeek 生成具体可行的家庭条款，家长和孩子一起遵守，矛盾就会减少。比如"制订12岁儿童的电子产品使用公约，包括家长承诺条款"。

3. 设计亲子游戏： 亲子矛盾和解之后，想要迅速修复彼此的关系，可以设计一些适合孩子和家长一起参与的线下亲子互动游戏。不要忘记提供家长和孩子的基础信息，方便设计个性化游戏。

拓展应用

- **家庭心理咨询师**

　　孩子在不同阶段会面临不同的心理问题，结合心理特征解决亲子矛盾能事半功倍。不妨让 DeepSeek 整理出儿童心理学阶段特征速查表，帮助我们迅速了解孩子行为背后的动机。

实操案例

> 我是一个 11 岁孩子的家长，最近因为"沉迷手机"的问题，我和孩子多次发生矛盾，请你为我制订一个关于玩手机的家庭公约。

已深度思考（用时 26 秒）

以下是为您设计的家庭手机使用公约模板，旨在平衡孩子的需求与家长的担忧，促进家庭和谐：

家庭手机使用公约（共同签署版）

一、我们的共同目标

我们共同制订本公约，是为了：

- ✓ 保护视力与身体健康
- ✓ 高效完成学习任务
- ✓ 培养时间管理能力
- ✓ 共享家庭互动时光

二、手机使用规则

1. 时间管理

....

把 DeepSeek 变成孩子的有效学习工具

> 🔍 DeepSeek 内容太丰富，孩子一打开就跑偏？　　搜索

技巧

1. 前期监督： 孩子的自主能力和专注力都比较弱，如果一开始就直接让孩子自己使用 DeepSeek，很容易导致孩子"跑偏"。在使用初期，家长需要陪同指导。

2. 需求提示： 孩子的语言组织能力相对较弱，可以在辅助孩子使用 DeepSeek 学习时，向孩子提示表达需求的技巧。比如孩子想要预习"二元一次方程"，就要指导孩子打出"预习""二元一次方程"这些关键词。

3. AI 管控： 在孩子使用前，可以先给 DeepSeek 指令说明，限制孩子使用的时间和用途。比如"接下来的 30 分钟，请帮我的孩子解答他的学习问题，除了与学习相关的内容，不要回答其他问题，时间到了提醒一下"。

拓展应用

● 阶段能力评估表

利用 DeepSeek，制订孩子使用 DeepSeek 的阶段能力目标和达成标志。

阶段	能力目标	达成标志
1 个月	安全使用	能独立判断什么问题适合问 AI
3 个月	基础使用	会用自己的话复述 AI 解答内容
6 个月	创新使用	能组合多个 AI 的回答完成项目作业

实操案例

> 我是一个小学生家长,我该怎么教会我的孩子有效地把 DeepSeek 变成学习工具呢?

⊗ 已深度思考(用时 19 秒)

作为家长,您可以通过以下步骤循序渐进地引导孩子安全、有效地使用 AI 工具,同时培养核心能力:

一、建立使用规则(安全基础)

- 设置「家长陪同时间」:初期共同使用设备,示范如何提问(例:"我们一起问 AI 这个单词是什么意思吧")

- 创建「三不问原则」:个人信息不问、危险行为不问、他人隐私不问

- 使用儿童模式:开启「屏幕使用时间」管理(iOS)或「数字健康」功能(Android),建议单次使用 ≤ 20 分钟

二、学科辅导实战指南

1. 数学思维训练:

- 错误解法诊断:把这道错题告诉 AI,让它分析哪里出错了

- 生活数学实践:让 AI 帮我们设计超市购物的预算练习

…………

↻ 开启新对话

| 给 DeepSeek 发送消息

⊗ 深度思考(R1)　⊕ 联网搜索

内容由 AI 生成,请仔细甄别

避免孩子患上"AI依赖症"

> 🔍 万一孩子总是用DeepSeek帮自己写作业,自己完全不思考,该怎么办?   搜索

技巧

1. 明确问题核心: 直接提问"如何避免孩子过度依赖AI写作业",让DeepSeek清楚你关注的重点是孩子对AI的依赖问题以及解决方法。

2. 细化场景描述: 可以描述具体场景,如"孩子现在一有作业难题就用AI解决,怎么引导他正确使用而不是依赖AI工具",这样DeepSeek就能更精准地给出针对性的建议。

3. 强调期望结果: 说明你期望达到的效果,比如"希望孩子能自主完成作业,同时合理利用AI辅助学习,该怎么做呢",帮助AI理解你的最终目标,从而提供更符合需求的建议。

4. 从不同角度提问: 分别从家长引导、学校教育、孩子自身培养等角度提问,如"家长怎么监督孩子正确使用AI做作业""学校可以开展哪些活动减少学生对AI写作业的依赖""如何培养孩子自主学习能力以降低对AI的依赖",综合不同角度获取全面的解决方案。

5. 提出相关背景信息: 如果孩子有特定的学习情况或性格特点,如"孩子比较内向,不太主动学习,怎么避免他过度依赖AI写作业",提供这些背景信息能让DeepSeek的建议更具个性化和实用性。

实操案例

> 我的孩子现在读小学五年级,最近他写作业的时候,有不会的问题就跑去问 AI,我担心他会过度依赖 AI,导致自己不认真思考。怎么避免孩子过度依赖 AI 帮自己写作业呢?

已深度思考(用时 16 秒)

避免孩子过度依赖 AI 完成作业,关键在于建立「AI 辅助边界」,培养独立思考能力。以下是分阶段解决方案,包含预防措施、引导方法和替代策略:

一、建立「AI 使用红绿灯」规则

1. 红灯原则(禁止行为)

- 直接复制 AI 生成的完整答案

- 未理解基础概念就直接求助 AI

- 用 AI 完成需要动手实践的作业(如手抄报、实验报告)

2. 绿灯原则(允许行为)

- 用 AI 解析作业错题步骤(如数学解题过程拆解)

- 生成学习资料框架(如作文提纲、知识点思维导图)

- 模拟学科应用场景(如用 AI 扮演历史人物进行问答)

……

帮孩子搭建阅读知识金字塔

🔍 孩子看书看得杂,如何帮孩子建立延伸阅读知识库? 搜索

技巧

1. 帮孩子挑对书: 直接告诉AI"孩子年龄+最近爱看的书+想培养的能力",如"我家10岁孩子刚看完《哈利波特》,请你帮他找点能练逻辑思维的魔法故事,并说说选这些书的原因"。

2. 结合其他知识一起学: 打通历史背景,例如,"请告诉我这本书里的故事发生的时期,以及那时候其他地方的小孩读什么书"或"《汤姆·索亚历险记》里的小孩爱冒险,请告诉我同时期中国有什么类似童书,并做个对比表"。

3. 锻炼思考能力: 让AI出讨论题,引导孩子表达观点,学会多角度分析问题,比如"关于《小王子》里狐狸和玫瑰的关系,出3个讨论题,要有正反两种观点例子";让AI新编剧情,鼓励孩子接着这个设定继续编故事,锻炼主动创作的能力,如"如果《爱丽丝梦游仙境》发生在手机游戏里,帮编3个新剧情,比如用表情包和红心皇后对话"。

4. 定期检查进步: 把最近读的3—5本书告诉AI,让它画个"能力雷达图",比如"根据孩子最近读完的《夏洛的网》《绿野仙踪》《窗边的小豆豆》,请画个雷达图,看看孩子理解力、想象力、共情力怎么样";再针对弱项让AI出方案,比如"孩子读科幻书看不懂,12岁,请给个三周提升计划"。

实操案例

> 我家孩子13岁，上初一，最近看了《骆驼祥子》，对那个时代的社会风貌很感兴趣，想进行延伸阅读。请帮我推荐3本以民国时期为背景，且能和语文阅读理解、写作能力提升相关联的读物，每本帮我设计2个和书中内容紧密相关、能启发孩子思考的问题。

已深度思考（用时44秒）

以下是针对初一学生的民国背景延伸阅读书单及配套思考问题设计，既符合认知水平又能提升语文素养：

1.《呼兰河传》萧红

推荐理由：诗化语言描写东北小城风貌，与《骆驼祥子》形成南北社会对照。

思考问题：

- 书中反复出现的"大泥坑"象征着什么？对比祥子遇到的"人力车被抢"，这两种描写社会问题的方式有何不同？

- 文中写冯歪嘴子"抱着无母的小驴哭"，如果祥子看到这个场景，请根据两本书中塑造的人物性格，推测他会有什么反应？

2.《边城》沈从文

....

⟳ 开启新对话

| 给 DeepSeek 发送消息

深度思考（R1）　　联网搜索

内容由 AI 生成，请仔细甄别

083

从跨学科学习中提升核心素养

> 🔍 如何让孩子养成跨学科思考的习惯?　　　　搜索

技巧

1. 探索式提问: 遇到一个事物时,先让孩子自行分析它背后涉及的学科知识,然后再让 DeepSeek 从跨学科的视角分析同一个问题,例如"请用跨学科的视角帮我分析'丝绸之路'背后包含的学科知识"。最后对照着看孩子的思考是否到位,从而逐渐让孩子养成跨学科思考的思维习惯。

2. 学习迁移提示: 当 DeepSeek 解释完一个知识点或原理时,可以追问"你现在解释的这个原理,可以怎样应用在其他三个领域",让孩子学习 DeepSeek 的思维方式,可以帮助孩子有意识地将一个知识迁移到其他方面。

3. 项目式学习: 把一个知识主题设计成研究项目,分学科完成任务。例如输入指令"设计一个减少校园碳排放的方案,需要数学(计算成本)和道德与法治(调查学生行为)的步骤,请提供框架"。

拓展应用

● **模拟辩论**

把一个跨学科的议题发给 DeepSeek,让它从多角度分析并形成观点,然后模拟辩论。例如输入指令:"从伦理学、生物学和法律角度,讨论基因编辑技术的利弊,列出正反方论据。"在虚拟辩论的过程中,理解不同学科之间的联系。

实操案例

> 我是一个初中生家长，想要提高孩子跨学科学习的能力，请用跨学科的视角帮我分析"丝绸之路"背后包含的学科知识。

已深度思考（用时 28 秒）

好的！我们可以从跨学科视角拆解"丝绸之路"，帮助孩子建立知识网络。以下是具体分析：

1. 历史学：事件与文明交流

- 核心：丝绸之路不仅是贸易路线，更是文明碰撞的纽带。

- 关联点：

张骞出使西域（历史事件）→ 促成汉朝与中亚的官方往来。

佛教东传（宗教史）→ 印度佛教经丝绸之路传入中国，影响云冈石窟、敦煌壁画。

蒙古帝国时期（跨政权治理）→ 驿站制度和《马可·波罗游记》的诞生。

- 互动问题：

"如果张骞未打通西域，中国与欧洲的科技发展会延迟多少年？举例说明可能的缺失技术（如火药、印刷术）。"

……

开启新对话

给 DeepSeek 发送消息

深度思考（R1）　联网搜索

内容由 AI 生成，请仔细甄别

第三部分

DeepSeek 在生活中的运用

怎么判断 DeepSeek 生成的内容是否准确？

在使用 DeepSeek 等大模型时，大家常会发现一个棘手的问题：模型生成的内容虽然看起来专业且可信，但经过核实后，有时存在虚构或错误的信息。这种现象也被称为"AI 幻觉"。那么，我们应该如何辨别 AI 生成的内容是否准确呢？

使用技巧

- **查来源**

遇到带有结论性的内容时，优先检查信息是否标注了明确的来源。例如，若提到"某研究显示"或"专家指出"，我们可以要求 DeepSeek 提供完整出处（具体机构名称、作者、论文标题、数据来源），将回答直接复制到搜索引擎或学术数据网（知网等）验证是否存在。

- **看逻辑**

仔细阅读生成的内容是否存在自相矛盾或循环论证。例如，推荐"负卡路里零食"（实际根本不存在这类食物）。我们可以尝试用"谁提出的观点？""依据是什么？""如何证明？"等提问方式拆解内容，判断其论证是否形成闭环。

- **交叉验证**

利用多个独立平台对生成内容进行交叉核对，如权威平台（政府官网、顶级期刊、正规新闻机构等）。仅出现在自媒体、论坛或未知网站的信息来源，需谨慎采信。

- **借助工具辅助判断**

使用 AI 内容检测工具（如 GPTZero、AI 内容检测）初步筛查文本，但需注意这些工具可能存在误判，因此还需要结合人工分析来提高准确性。

实操案例

> "科学家发现吃辣椒可杀死癌细胞,治愈率达80%"这句话准确吗?

⊗ 已深度思考(用时18秒)

结论:不准确,存在严重误导。

- 科学依据的片面化

现有研究确实发现辣椒中的辣椒素在实验室环境下对某些癌细胞(如前列腺癌、胰腺癌)有抑制生长的作用,但这些结论仅基于细胞实验或动物模型,尚未进入人体临床试验阶段。实验中所需的辣椒素浓度极高,相当于每天食用几公斤辣椒才能达到,远超正常饮食范围。将实验室的初步发现直接等同于"临床治愈率",本质上是对科学结论的断章取义。

- 数据表述的误导性

"治愈率达80%"这一说法严重违背医学常识。癌症治疗依赖手术、放疗、化疗等综合手段,即便是疗效较好的早期癌症,临床治愈率也需结合具体类型和分期评估,而非依赖单一食物。目前全球权威医学期刊和机构(如WHO、美国癌症协会)从未发布过辣椒治愈癌症的临床数据,"80%"这一数字缺乏任何可信研究支撑,属于凭空捏造。

……………

↻ 开启新对话

给 DeepSeek 发送消息

⊗ 深度思考(R1)   🌐 联网搜索

内容由 AI 生成,请仔细甄别

一对一助你解决常见法律纠纷

生活中遇到法律纠纷时，DeepSeek 可以成为你的得力助手。例如，你可以通过它检索典型案例、分析案件争议点，甚至生成法律文书的初稿。此外，在法律场景下，我们提出的需求越具体、逻辑越清晰，DeepSeek 给出的回应就越专业、越契合实际需求。

使用技巧

● 精准表达需求

将你的需求拆解为"主体—行为—目标"三个要素。例如，在处理邻里噪声纠纷时，可使用提示词："检索关于邻里噪声干扰的民事纠纷案例，找到因长期噪声污染导致精神损害赔偿的判决，重点提取法院对'相邻关系'和'合理容忍义务'的认定部分。"

● 多轮对话，层层递进

采用多轮对话方式，根据每轮输出结果逐步缩小检索范围，以保险合同免责条款的法律效力认定为例，可以按照以下步骤进行。

首先，梳理保险合同免责条款的法律效力认定规则。其次，根据汇编的规则，检索相关司法案例。最后，将检索到的案例信息以表格形式汇总，包括案件名称、争议焦点、法院认定及裁判结果等，便于快速查阅和对比。通过这种方式，可以精准获取相关信息，为实际问题提供参考。

● 添加专业限定词

添加专业限定词并从特定视角出发。例如，在分析保险合同免责条款的法律效力时，可以将问题细化为"结合《中华人民共和国保险法》第 17 条，分析保险合同中免责条款因未尽提示和明确说明义务而不发生效力的司法认定标准"。通过这种方式，DeepSeek 能够从具体的法律条文出发，进行更深入的推理和分析。

实操案例

> 你是一名律师，请梳理保险合同免责条款的法律效力认定规则。

已深度思考（用时 28 秒）

以下为保险合同免责条款法律效力认定的核心规则梳理，结合《中华人民共和国保险法》《中华人民共和国民法典》及司法实践归纳要点：

一、效力认定基本原则

1. "提示 + 说明"双重义务规则

- 法律依据：《中华人民共和国保险法》第 17 条

- 操作标准：免责条款需以足以引起注意的形式（如加粗、变色、单独告知）呈现……

- 后果：未履行提示或说明义务的，免责条款不产生效力。

2. 公平性原则

…………

二、司法实践中的具体认定标准

…………

教你排解生活压力

DeepSeek 可以通过分析数据和识别行为模式，帮助你管理心理健康。它可以时刻关注你的情绪波动，就像一个贴心的助手，帮你了解自己的情绪起伏，帮你更好地应对生活压力。

使用技巧

- **提示词公式**

设定角色＋自身情况描述＋需求表达。在这个场景中，可以让 DeepSeek 扮演一位心理咨询师。比如，你可以这样问：

"你是一位心理咨询师，我最近工作压力特别大，项目一个接一个，每天都要加班到很晚。晚上也睡不好，总是焦虑不安，感觉自己快被压垮了。我想知道有没有什么好的方法能让我放松下来？"通过这种结构化的方式，能让 DeepSeek 更精准地为你提供支持和建议。

- **制订工作计划，合理安排时间**

DeepSeek 能帮你制订合理的工作计划，提醒你按时休息，避免过度劳累，从而间接促进你的心理健康。你可以这样问："你能帮我制定一个合理的工作计划吗？最好能根据我的工作内容（比如上午开会、下午写报告等）来安排，并提醒我要按时休息。"

- **进行心理测评**

DeepSeek 可以利用其对话能力和基础心理咨询技术，为你提供心理测评，评估你的心理状态，并给出初步的分析和建议。例如："我想进行一次心理测评，评估一下我最近的情绪状态和压力水平，你能帮我设计一个简单的测评流程吗？"当然，AI 在心理健康方面的辅助有其局限性，不能替代专业的心理咨询或治疗。

实操案例

> 我想进行一次心理测评，评估一下我最近的情绪状态和压力水平，你能帮我设计一个简单的测评流程吗？

已深度思考（用时 32 秒）

当然可以！以下是为您设计的轻量化心理自评流程，包含科学量表与开放性自省结合，全程约 10 分钟，兼顾隐私性与实用性：

STEP 1：测评前准备（1 分钟）

- 环境：找安静不被打扰的空间，手机调至勿扰模式

- 工具：准备纸笔（如需记录感受）/ 或直接在脑中思考

- 时间：建议选择情绪相对平静的时段（避免刚发生激烈冲突后立即测评）

STEP 2：核心情绪指标速测（4 分钟）

-Part A：标准化量表（PHQ-9 抑郁症状量表简化版）

请根据过去两周的状态打分：

0＝ 从不　1＝ 偶尔　2＝ 经常　3＝ 几乎每天

• 做事时提不起兴趣或没有愉悦感

⋯⋯⋯⋯⋯

↻ 开启新对话

给 DeepSeek 发送消息

⊗ 深度思考（R1）　⊕ 联网搜索

内容由 AI 生成，请仔细甄别

打造科学健身计划，轻松实现健康目标

对于健身爱好者来说，制订适合自己的健身和饮食方案是实现健康目标和身材管理的核心。虽然健身私教能提供专业的指导，但聘请他们的费用较高，且难以随时获得支持。如果你不知道如何制订有效的训练计划，那么 DeepSeek 可以成为你的健康顾问，在节省时间和成本的同时，帮助你制订更科学的健康目标。

使用技巧

● 角色设定

向 DeepSeek 明确你的身份，这样可以让它从特定的专业角度出发，给出更具针对性和专业性的建议。例如，可以将 DeepSeek 设定为"资深健身教练"，并输入自己的身体数据（如身高、体重、运动目标等），要求它为你制订一份个性化的健身计划。

● 分阶段规划

要求 DeepSeek 根据健身不同阶段的特点和需求，合理安排训练和饮食，提高方案的科学性和有效性。例如"我健身的目标是增肌／减脂／塑形。我希望你能根据我的健身目标，为我制订一个分阶段的训练和饮食计划，包括适应期、提升期和巩固期。并在每个阶段标注训练强度和饮食调整的建议"。

● 细节要求

为了使方案更满足你对细节的需求，我们输入的提示词可以包含几个关键元素。首先是训练频率，明确每周的锻炼次数和每次锻炼的时间；其次是饮食示范，提供具体的健康餐食搭配示例；再者是热量标注，清晰标明每种食物的热量，方便精准控制每日摄入。

实操案例

> 我健身的目标是减脂。希望你为我制订一个分阶段的训练和饮食计划，包括适应期、提升期和巩固期。并在每个阶段标注训练强度和饮食调整的建议。以下是我的基本情况：
>
> 年龄：32
>
> 性别：男
>
> 身高：175cm
>
> 体重：80kg

已深度思考（用时 25 秒）

以下是根据您的身体数据制订的三阶段减脂计划，结合运动科学和营养学原理，兼顾安全性与可持续性，执行周期约 16 周：

一、适应期（第 1-4 周）目标：建立运动习惯，调整代谢状态

（一）训练方案

- 频率：4 次 / 周（隔天训练）

- 强度：最大心率 50%—65%（约 110—130bpm）

- 结构：

• 动态热身：10 分钟（开合跳 + 高抬腿 + 肩绕环）

……

定制个性化旅游方案

旅行是生活中重要的身心疗愈方式，它能让我们暂时远离日常的忙碌与喧嚣，去探索未知的风景，感受不同的文化与风情。然而，在出行过程中，我们难免会遇到各种问题：可能是航班延误、酒店预订出错、语言不通，或是找不到合适的餐厅……这些小麻烦如果处理不当，可能会让原本愉快的旅行变得倍感糟心。这时候，DeepSeek 就可以为我们提供强大的助力。

使用技巧

● 明确旅行需求

在向 DeepSeek 咨询旅行计划之前，我们要先梳理清楚自己的需求。首先，确定出行人数，包括是否携带老人、孩子或宠物。其次，明确旅行时间，考虑季节和天气。接着，预算很关键，要合理规划，避免超支。最后，明确旅行偏好，比如是喜欢自然风光还是人文景观。提前整理好这些细节并告知 DeepSeek，就能制订出更贴合需求的旅行计划。

● 推荐景点信息

当你确定了旅行目的地后，也可以通过向 DeepSeek 提问来获取适合自身需求的景点信息。例如，你可以这样提问："我想去云南旅行，你能推荐一些适合带 5 岁和 8 岁孩子一起游玩的景点吗？最好自然风光和人文景观都有。"通过这种方式，DeepSeek 能够帮助你快速找到符合需求的景点，让旅行更加轻松愉快。

● 旅行美食地图

在旅行过程中，了解当地特色美食及品尝地点是提升旅行体验的重要环节。如果你计划去成都，可以向 DeepSeek 询问相关美食及推荐地点。例如，你可以这样提问："我想去成都旅行，请问有哪些特色美食推荐？最好能告诉我一些比较受欢迎的品尝地点。"这样提问，它会根据你的需求提供详细的建议。

实操案例

我们一共4人，带了一只宠物。计划在5月出行，希望避开恶劣天气。我们对旅行目的地的喜好更倾向于自然风光，预算大约在8000元，请你根据这些需求，为我们制订一份详细的旅行计划。

> 已深度思考（用时37秒）

根据您的需求（5月出行、自然风光、避开恶劣天气、带宠物、预算8000元），为您制订以下5天4晚广西阳朔宠物友好旅行计划：

行程概览

- 时间：5月中旬（避开"五一"假期高峰）

- 天数：5天4晚

- 总预算：约7600-8000元（4人＋宠物）

- 特色：喀斯特山水／田园骑行／宠物友好体验

Day 1：抵达阳朔 | 初遇山水

- 交通：自驾／高铁至阳朔（假设从广州出发，高铁往返4人约¥1600，宠物需装航空箱）

- 住宿：阳朔十里画廊宠物友好民宿（2间房4晚，共¥1200）

……

让你的外语水平突飞猛进

语言学习往往充满挑战。如果没有良好的语言环境、及时的练习反馈以及科学的学习方法，即使学了多年，语言能力也可能停滞不前，难以取得实质性突破。而传统的语言学习方式，比如请外教，虽然能提供帮助，但往往耗时费力，且花费高昂，对于很多人来说并不经济实惠。其实，借助 DeepSeek 这样的 AI 工具，我们也能高效地学习外语。

使用技巧

刨根问底法

如果我们想学习某个单词，可以让 AI 提供关于这个单词的全面信息，比如它的含义、词源、词根词缀构成、用法、例句及常用搭配等。例如："我想学习单词'influence'。请你提供它的定义、词源、词根词缀分析、用法说明、例句和常用搭配。"通过 DeepSeek 的帮助，我们能快速掌握单词的各个方面，提升学习效率。

语境学习法

孤立地背单词是效率最低的方法，只有把单词放到上下文语境里，我们才能获得更好的记忆效果。我们可以把要背的目标单词统一交给 DeepSeek，让它基于这些单词生成一篇有趣的英文故事。通过阅读故事，我们可以在具体的语境中自然地理解和记忆这些单词，而不是枯燥地逐个死记硬背。

对比学习法

如果在学习过程中遇到很容易混淆的词汇，可以利用 DeepSeek 快速了解它们的区别和用法。如"glide"和"slide"，这两个单词都表示"滑动"，如果你不了解其中的细微差别，就很难准确运用它们。这时候通过询问 DeepSeek："请向我解释 glide 和 slide 的区别以及各自的用法，并附上不少于 3 个例句。"这样就可以快速掌握它们的区别及用法。

实操案例

> 请向我解释 glide 和 slide 的区别以及各自的用法,并附上不少于 3 个例句。

已深度思考(用时 13 秒)

以下是 glide 和 slide 的详细区别、用法解析及例句:

核心区别

	glide	slide
动作特点	强调平稳、流畅、优雅的移动,通常不费力	强调在表面摩擦或重力作用下的滑动,可能有失控感
常见场景	自然现象(鸟类、飞机)、舞蹈或技术性动作	物理滑动(物体、人体)、意外或机械性移动
情感色彩	中性或积极(优雅/轻盈)	中性或消极(失控/下滑)

用法解析

1.Glide

…………

帮你轻松写出爆款文案

在这个数字化的浪潮中，善于利用新媒体的力量，就能在激烈的市场竞争中脱颖而出，赢得更多机会和关注。如果你有运营公众号、小红书账号、视频号等的需求，那么可以借助 AI 来解决如何持续高质量输出内容的难题。

使用技巧

- **锁定热点**

打开 DeepSeek 对话框，输入"最新热点＋你的领域"。比如做美食就写"给我 5 个最近热门的美食话题，带具体关键词"。系统会生成类似"健康低卡零食""非遗美食复兴"这类精准选题，比你自己刷半天手机高效得多。

- **生成初稿**

复制热搜关键词给 DeepSeek，并在提示词里说明平台调性（小红书／抖音）、目标人群、内容结构等，这样生成的内容才不会跑偏。如：以"健康低卡零食"为主题，写一篇面向大学生的小红书口播文案，包含 3 个产品推荐，要求口语化、有表情符号。

- **文本优化**

重点优化文本的语言风格，如调整用词、优化句式，甚至增添个人见解等。记住，AI 是帮你省时间而不是代替你，融入个性色彩，最终让文字成为你个人风格的展现，而非单纯的技术产物。

实操案例

> 以"健康低卡零食"为主题,写一篇面向大学生的小红书口播文案,包含3个产品推荐,要求口语化、有表情符号。

已深度思考(用时25秒)

标题: 宿舍党必囤!这波低卡零食把我香迷糊了!

姐妹们!减脂期追剧嘴巴寂寞到哭?早八人课间饿到啃桌子?本抠搜学姐挖到3款神仙零食!5r拿下!亲测不踩雷!!!

🔥 Top1:魔芋爽天菜!

"酸辣过瘾还能瘦"说的就是它!

0脂肪+1包≈8大卡≈啃半根黄瓜!!!

麻辣/泡椒/烧烤味换着嗦,宿舍小卖部永远的神!

🔥 Top2:冻干酸奶块的暴击!

奶香爆炸的追剧神器!

....

开启新对话

给 DeepSeek 发送消息

深度思考(R1) 联网搜索

内容由 AI 生成,请仔细甄别

101

让你的演讲一开口就掌声雷动

无论是工作面试、会议发言、员工培训，还是产品推广、资源争取、招商引资等，演讲都是必不可少的技能。然而，准备演讲往往费时费力，而提升演讲能力更是一个长期过程。如果你面临需要演讲的场景，那么 DeepSeek 可以来助力，帮你高效准备演讲内容，优化表达方式，从而在关键时刻表现出色。

使用技巧

- **输入稿子细节**

如果你需要在某个特定场合进行演讲，比如一场工作汇报、产品推广会或者培训课程，向 DeepSeek 输入详细的稿子信息是非常重要的。比如，你可以告诉它演讲的场合是正式的商务会议，听众是行业专家，重点是介绍新产品的优势和市场前景。只有这样，DeepSeek 才能根据这些细节，为你生成精准、有针对性的演讲稿。

- **让内容更有吸引力**

为了让演讲稿更有吸引力，我们可以借助 DeepSeek 进行优化。例如，你可以要求 DeepSeek 润色演讲稿，使其语言更加生动、逻辑更加清晰，并加入引人入胜的故事或实际例子来增强感染力。通过这种方式，演讲稿才能更好地吸引听众。

- **根据听众调节语言风格**

此外，还可以让 DeepSeek 生成不同风格的版本，比如正式、幽默或励志等风格，供你选择最适合的一种。如果你需要为一场新产品发布会撰写演讲稿，可以要求 DeepSeek 生成一个语言庄重、逻辑严谨的正式风格版本。如果演讲面向的是年轻群体，或者需要营造轻松氛围，你可以选择幽默风格，比如以一个有趣的开场白吸引听众。

实操案例

> 我是公司销售部的负责人,明天需要在公司年会上做一场演讲。演讲的受众是公司的领导和同事,目的是汇报我们部门这一年的工作成果。我希望我的演讲能够振奋人心,请你基于以上信息给我提供一份演讲稿。

已深度思考(用时 20 秒)

以下是一份激励型演讲稿框架,结合数据亮点与情感共鸣,您可根据实际情况调整内容:

2024 年度销售部工作成果汇报

——以奋斗为笔,书写增长新篇章

尊敬的各位领导、亲爱的同事们:大家好!我是销售部负责人 XXX。今天站在这里,内心充满感恩与自豪。这一年,我们共同经历了市场的风云变幻,也携手创造了属于销售团队的闪光时刻。接下来,请允许我用三个关键词,向大家汇报我们的 2024。

一、突破:逆势而上,用数字说话

这一年,面对行业整体增速放缓的压力,我们以"精准突围"为策略,交出了这样的答卷:

············

帮你更高效地打理个人资产

在家庭财富管理中，如何高效管理资产并实现增值是许多家庭关心的核心问题。DeepSeek 作为专业的理财助手，能够综合评估家庭的财务状况、风险偏好等多方面因素，为每个家庭量身打造科学合理的理财方案，并提供精准的投资建议。

使用技巧

● 提供资产配置方案

你可以通过 DeepSeek 生成个性化的资产配置方案。例如，输入你的年龄、收入情况、投资经验、风险承受能力等信息，DeepSeek 会根据这些数据为你设计涵盖现金管理、固定收益、权益类投资、另类投资和保险保障等不同类型的资产配置方案。

● 定制投资策略

DeepSeek 可以提供多种投资策略，以满足不同投资者的需求。这些策略通常会根据投资者的风险偏好、资金规模、投资期限、市场环境等因素进行定制。

例如，可以向 DeepSeek 询问："我是一名保守型投资者，风险承受能力较弱，希望资产配置以稳健为主。请根据我的情况生成一个投资策略。"

● 风险预警

DeepSeek 能够实时监测市场动态，通过大数据分析和 AI 算法识别异常交易行为、价格波动等风险信号。例如，你可以给它设置条件预警，当股价跌破重要均线或主力资金流出超过一定金额时，立即向你发出警报。另外，它还能对风险进行量化评估，通过分析历史数据和实时市场情况，计算风险等级和潜在损失，帮助你更全面地了解投资组合的风险状况。

实操案例

我今年 37 岁,家庭年收入 28 万元,有房贷和子女教育基金需求,请为我设计一份兼顾风险控制和收益的 10 年期资产配置方案,重点考虑抗通货膨胀和养老储备。

◎ 已深度思考(用时 31 秒)

以下是为您量身定制的 10 年期资产配置方案,兼顾抗通胀与风险控制,重点覆盖子女教育及养老需求。

一、家庭财务画像与目标拆解

项目	参数
家庭年收入	28 万元(税后)
风险承受能力	中等(年龄 37 岁 + 有房贷负债)
核心目标	1. 子女教育基金(10 年储备) 2. 养老储备(20 年 + 周期) 3. 资产保值(年化收益 ≥ CPI+2%)
可投资资金	假设年储蓄率 30%(8.4 万元 / 年)

二、资产配置方案(比例随时间动态调整)

1. 防御层:保本稳收益(35%)

....

↻ 开启新对话

给 DeepSeek 发送消息

◎ 深度思考(R1)　　⊕ 联网搜索

内容由 AI 生成,请仔细甄别

百倍提高你的工作效率

很多人因为缺乏专业的项目管理知识，工作安排常常很混乱，做事没有逻辑，总是想到哪儿做到哪儿。这样的工作方式不仅效率低下，还容易让人忙得焦头烂额，最后却看不到明显的工作成效。不过，现在借助 DeepSeek，这些问题都能轻松解决。它可以帮助我们高效规划工作，让工作变得更加轻松。

使用技巧

- **安排日常工作**

你可以通过输入指令，让 DeepSeek 帮你制订工作计划、设置提醒和安排任务优先级。例如，输入你的待办任务，让它帮你生成工作计划表，重点突出项目截止日期，DeepSeek 会为你生成清晰的任务清单和时间表。

- **生成报告和文档**

DeepSeek 能够快速生成高质量的报告或文档。例如，当你输入"撰写一份关于市场调研的报告大纲"时，DeepSeek 会立即生成结构化的框架，包含市场调研的背景、目标、方法、数据分析、结论和建议等关键部分。它不仅能梳理重点，还能根据你的需求调整报告内容，确保逻辑清晰、数据支持。

- **数据分析和可视化**

对于复杂的数据处理任务，DeepSeek 能够快速分析数据并生成直观的可视化图表，帮助用户快速理解数据背后的含义。如 Excel、CSV 等，并可自动清洗数据，去除重复值和异常值。这种高效的数据处理和可视化能力，极大地提升了数据分析的效率和准确性。

实操案例

请你为公司的十周年庆典活动写一份策划方案。策划方案基本情况如下：

一、活动主题："10 年奋进，携手未来"。

二、活动目标：回顾公司的发展历程，表彰优秀员工与合作伙伴，加强团队凝聚力，提升公司品牌形象。

三、活动时间与地点：2025 年 12 月 15 日（星期一）；公司园区内。

四、活动预算：10 万元。

五、活动形式：包含文艺表演、产品展示。

已深度思考（用时 28 秒）

公司十周年庆典策划方案——"10 年奋进，携手未来"

- 策划周期：2025 年 9 月—12 月

一、活动框架设计

- 时间轴：13:00—21:00（白 + 晚宴）

- 核心动线：时光长廊→主会场→产品体验馆→未来宣言区……

107

图书在版编目（CIP）数据

不吼不叫：用DEEPSEEK培养尖子生 / 狐说新语编著.
海口：三环出版社（海南）有限公司，2025. -- ISBN 978-7-80773-629-5

Ⅰ. G622.46-39

中国国家版本馆CIP数据核字第2025YM4791号

不吼不叫：用DeepSeek培养尖子生
BU HOU BU JIAO：YONG DEEPSEEK PEIYANG JIANZISHENG

编　　著	狐说新语	统筹策划	李　轩　孙文渊　涂娟娟
责任编辑	张华华	插画绘制	秦乐玫　魏梓健　刘　晨
封面绘制	狐说新语		陈启文　衷紫微　余明涛
责任校对	韩孜依	文字编辑	邹雅梅　龙包男　聂　月
美术编辑	龚晨咪		
出版发行	三环出版社（海口市金盘开发区建设三横路2号）		
	邮　编 570216　邮　箱 sanhuanbook@163.com		
出版人	张秋林		
印刷装订	湖北嘉仑文化发展有限公司		
开　　本	710 mm×1000 mm　1/16		
印　　张	7.25		
字　　数	150千字		
版　　次	2025年3月第1版		
印　　次	2025年3月第1次印刷		
书　　号	ISBN 978-7-80773-629-5		
定　　价	59.80元		

版权所有，不得翻印、转载，违者必究
如有缺页、破损、倒装等印装质量问题，请寄回本社更换。
联系电话：0898-68602853　0791-86237063